위대한 예측불허

위대한 예측불허

이효림 시집

시인의 말

친구가 되어준 감정에게
어깨가 되어준 떠돌이별에게
존경을 다해
손을 내민다

2020년 1월

차 례

● 시인의 말

제1부

밥의 분홍 잇몸을 볼 수 있을까요 ─── 12
매직 ─── 14
시시각각 ─── 16
지우개가 따라오지 못하도록 웅덩이를 만들었다 ─── 18
꽃잎 치료 ─── 20
합창 ─── 22
객석 ─── 24
플라스틱 화분은 모딜리아니 ─── 26
전진 ─── 28
당나귀는 도미노처럼 떠밀려 해변에 앉아 있다 ─── 30
파미르 ─── 32
이 전람회는 비키니를 입고 오세요 ─── 34
이모티콘 댄스 ─── 36
궁상은 편지도 없고 겨울 내내 나비를 잡고 있었다 ─── 38
토요일 ─── 39

제2부

현대미술전집은 바나나바나나 한다 ─── 42
대기를 이탈한 행성이 불타오를 수 있도록 ─── 44
의자를 버리고 의족이 되었다 ─── 46
우아한 예측불허 ─── 47
구비문학의 모서리를 열고 토끼를 꺼냅니다 ─── 48
프로이트는 비어 있는 의자를 지나간다 ─── 50
비행 ─── 52
소원을 거절해요 언니 ─── 54
어메이징 ─── 56
서류 주세요 ─── 57
미간의 원+원 선데이 ─── 58
내가 곰과 천했을 때 죽인 해바라기 ─── 62
저기요 ─── 64
비교적 푸딩 ─── 66
아비뇽 씨, 창고를 참고하세요 ─── 68
은수 ─── 70
건조한 나무가 자정을 풀어 놓는다 ─── 72

제3부

청동 귀걸이 —————— 74
돼지가 한 마리도 죽지 않던 날 —————— 76
설정 —————— 78
나는 무리하게 생겼습니다 —————— 80
일반적으로 —————— 82
— 이곳을 개봉해주세요 — —————— 83
생일이 없는 눈의 수영 —————— 84
존 말코비치 되기 —————— 85
거리는 몽 —————— 86
E 벌레 —————— 88
우리가 불편했다 —————— 90
내면은 없다 —————— 91
물은 셀프입니다 —————— 92
치즈를 찢는다 —————— 94
퓨마 —————— 95
이 내용은 뭡니까 —————— 96
민낯 —————— 98

안경은 왜 침묵으로만 예의를 갖추고 있습니까 ──── 100
거리의 따뜻한 노래가 나에게는 들리지 않았네 ──── 102
M은 진행 중입니다 ──── 104
광고입니다 ──── 106
작업실~9 ──── 108

▨ 이호림의 시세계 | 황치복 ──── 111

제1부

밥의 분홍 잇몸을 볼 수 있을까요

   다람쥐의 눈 속이었습니다 잘생긴 구름이 잠시 정차하고 있었습니다 정직한 발자국에서만 상수리나무가 싹을 틔웠습니다 해방된 별이 떨어지는 소리가 숲을 세고 있었습니다

   당신이 아버지의 이야기를 꺼냈습니다 당신은 여러 개의 긴 장화 중 모래 언덕을 신고 있었습니다 젖은 식탁은 어울리지 않지만 지명은 불구처럼 구불거렸습니다 종소리를 사냥감으로 기억하였습니다

   친분 없는 노랑과 파랑의 서식지였습니다 깃발은 근육을 부풀리며 책 위의 혁명을 읽었습니다 명찰 없는 미아였습니다 목숨만은 부지런히 기타를 쳤습니다

   봄날의 코트로 당신을 기다렸습니다 먼 곳을 바라보는 흰 눈의 내장이었습니다 서쪽으로만 향한 큰 박수의 고집이었습니다 꿈이 꿈속에서 떠돌아다니는 귓병이었습니다 벚꽃의 토크쇼가 실수를 연발하고 있었습니다

알맹이는 깊은 곳이라는 해안은 착각이었습니다 대신 손전등을 잃어버린 손바닥을 맞닥뜨리면 반딧불이들이 날아올랐습니다

밥을 따라가면 지구 돌아가는 소리가 들렸습니다 밥은 펄럭거리는 출구였습니다 뒤꿈치를 들고 서 있는 식민지였습니다

밤이 밥으로 부풀면 좋겠습니다
내일은 밥의 노동에서 분홍 잇몸을 볼 수 있을까요

매직

벌써 다섯 살이니 비밀이 쌓였겠구나
이쯤에서 안과 밖을 바꾸는 놀이는 어떨까?
엄마들은 검은 신발과 흰 신발을 신겨
피아노 학원에 보내지
흰 진창을 조심하거라
그곳엔 언제나 검은 건반이 불쑥 튀어나온단다

바람에 쓸려가는 연습을 하는 건 어떨까 피아노로 가변적 아침을 열었네 사회성과 상관없는 얼굴이 되다가 벌판이 되다가 지구는 요란하게 부풀어 올랐네 구슬땀을 흘리는 노래를 사줄게 주스를 마시겠니 매번 부푸는 눈과 완성 지향적인 퍼즐이 세수를 했네

취향이 서양화와 물의 살을 베란다에 세우는 일이면 좋겠네 물고기가 되는 일이었네 흰 건반의 콧수염이 세상의 비밀을 흩어놓을 때 우리가 먹은 생선은 체크 남방을 입고 날아갔네 비밀을 숭배하는 유리창의 신열은 기록되지 않아 고문서로 남았네

우리가 살아갈 수 있는 지옥을 위해
영혼을 씹으며 항거하는 지구였네
푸른 피가 주술을 외우며 치즈처럼 걸었네

시시각각

지구가 돈다고 배운 뒤

부푸는
검은 빛

비명에
싸인 소녀

공간은 아래로 떨어지지 않기 위해 비약적이고 가학적으로 예언을 따라간다 칭얼거리는 기억을 멈춘 물고기는 가파른 산을 오르고 어항 속 유영은 하이힐을 자꾸 갈아 신는다

춤추는 그레텔을 구경 오세요
초대장은 머리를 길게 땋아 아이를 부른다

모이세요, 자두
근사한 것들의 고백 속에
딱딱한 씨앗이 있답니다

고백이 없고 미열과 현기증이 남은 내용물, 옥상은 뜨거운 것을 좋아해 연한 살을 바라보는 햇살 옥상은 춤추고 기절하고 산발적 구칙이 서 있고 절반은 높고 절반은 매끄러운 여러 나라의 절규가 모여 있다

우연히 황당히
여러 가지 수식어를 섞어
꽃들은 의자이 앉아 핀다
공중에 떠다니는
화환처럼

지우개가 따라오지 못하도록
웅덩이를 만들었다

첫 줄의 내가 없어졌다

첫 줄의 내가 돌아갔다 어떤 이야기도 회색은 말해주지 않았다 번지 없는 해안은 생겨나고 없어져 버렸다

내가 지워졌다 계속 따라오는 지우개를 피해 샛길을 달렸다 창밖으로 밀어낸 감정은 죽었나 깨어진 구름은 사슴이 되나 횟집이 되었나

사마귀가 죽어가며 다리를 흔드는 것에 대해 깊이 생각하지 않고 울었다 지우개가 끈질기게 따라오는 새벽 나는 어디에서 손바닥을 비비며 재생을 공부하였다 나무들이 계절과 맞서는 터널로 달렸다

천천히 사라지는 앞발을 모으고 그 이상한 첫 줄의 피와 시끄러운 냄새가 눌어붙은 신발을 신는 사이 마지막이 굴러가 버리면 어쩌나

창을 밀면 유즈에서 우는 여우
애도를 넘어가는 장미를 보았다
나의 오염된 발바닥을
내가 가장 잘 알고 있었다

꽃잎 치료

어떻게 말하지
세계를 계단이라 비유해 놓고
하하라는 기계로 목젖을 눌러
성숙을 말하지 않아도 꽃술은 중앙이잖아

화분의 다른 말은
활짝, 일 거야

해가 종일 기웃거리는 이유는
꽃의 말
굽은 얼룩 뱀을 펴고
정거장이 열리면
더 긴 지중해를 생각해

낡은 기차의 충돌이나 즐거움이 버린 풍문이나 추운 비둘기의 입술에 입술을 부비는 플라스틱 꽃들의 낭만이나 핀다는 아름다움에 얽매인 애꾸

꽃집을 말하는 시계탑의 간격이 시큰거린다
누군가 손을 잡다 놓는다
식은 손의 감정이 발아래 떨어져 내린다

우리는 여기저기 빈 자리가 없어도 피어난다
결말을 뒤로하고 수요일이 지나가거나

합창

체크는 자연적입니다

취향은 천장입니다 아침은 신발 끈을 매며 웃습니다. 들어오세요 앉으세요 유물론자는 들어오고 나가는 것이 바쁩니다 왼쪽의 새벽에 일어나면 몇 광년을 살다 온 느낌이 듭니다.

별은 양치질을 합니다
별은, 별을 발견하는 일이 단순합니다
노래는 풀숲을 그리워합니다
한 줄의 사냥을 기릅니다
개는 밤이 가장 슬프지만
방목하는 넓은 들판의 입구입니다

별 무늬 이불을 태워 아버지께 보냅니다
감정은 세계의 언어입니다
우는 햇살을 본 적이 있습니다
이웃들이 헬리콥터처럼 붉은 토끼를 연호합니다

여행이라면서 농담이

우리의 흉터를 기웃거립니다

포크로 푹 찌르는 표정이 너희를 홀립니다

저건 머리 저건 소금 숟자

마른 것들은 언제나 환상에 차 있고

여행은 우글거리는 발바닥 때문에 떠나겠지요

풀들은 울퉁불퉁한 지구를 만듭니다

야광충은 가진 불이 작아서 춥습니다

언제나 공원이 부족한 담장은 자전을 계속합니다

유리는 존재의 방향을 보았을까요

맑은 손뼉이 이어집니다

굴러다니는 귀는 변성기를 구분하지 않습니다

모르는 노래들이 장기 기증을 합니다

그중 우거지는 합창이

우리를 데려갑니다

객석

진공은 물고기였습니다
즐거운 익사놀이 중입니다
얼굴색은 일반적이었습니다만
외부의 감정에 저항하는 것처럼
사진은 팽팽했습니다

파란 세계를 상상해도 되겠습니다
레드는 다음날 만들어졌으니까요

내가 들어왔다 나갔냐고 묻고 있었습니다
방향이 지워졌다고 말했습니다
그래서 행선지를 다음날에게 물었습니다

맥박은 평안이 깃들기에
너무 빨리 자랐습니다

내가 뜨겁게 죽이던 일식이었습니다
배꼽을 빠져나간 염소를 보았나요

교육적 햇빛이 지붕 위로 떨어졌습니다
그러니까, 뿔 달린 개를 만난 뒤였습니다

응답이 울창한 늪을 지나
리듬 빠진 흥얼거림이었습니다

응답을 주세요 우리 출렁거려요
감정이 커다란 객석은
이미 매진되었습니다

플라스틱 화분은 모딜리아니

  꽃은 질문이지만
  그 태도는 의문이다

  뮤즈는 생물일 수 있다 창문은 여전히 가파르고 등을 어둠에 세워 두는 일은 중력을 이기려는 것이다 성격은 싹을 틔우는 일이다 태도는 과학적이거나 패륜적이거나 꽃은 누구에게나 대리인이다

  플라스틱 화분은 토지가 아니어서 국토에 해당되지 않는다 다만 식민지들 같다 핏줄을 자른 국경 같다 불빛은 체했거나 거만하다 매일 꾸는 꿈은 야성적이지 않다 그러한 예의가 불편할 뿐이다

  머리카락은 날개에 대한 미련 때문에 펄럭인다 무거운 어깨가 저항은 아니다 정수리가 정서적이지는 않다 가변적 무릎은 그동안 줄곧 파멸을 막고 있었다 세상에 태어나서 처음 보는 엄마는 괴물, 내가 기억나지 않는 나의 시절 이야기다

채색이 되지 않는 그림을 그리는 화가가 있다 기계적 태도를 꺼내 먼지를 턴다 그러한 태도는 긴 손톱의 낱말놀이거나 귀는 가스층의 첫 장을 열고 읽는다 그 태도는 흐르는 강을 그대로 두기로 한다

전진

왈츠를 즐기는 우물이 있었다

레몬은 충분히 수면 중이고 설탕을 훔치는 개미의 근황이 사라진 자리에 실뱀이 우거졌다 경축을 위해 죽은 글라디오스처럼 구호를 삼키는 삼거리가 보였다 불의 진화가 창을 나와 사막을 밀고 갔다 싸구려 나비의 감정을 처분했다

길거리 음악이 레몬을 빨며 골목을 밀었다 제인은 어제의 고문학을 버리고 럭셔리 커피를 연구하며 걸었다 제인은 개척자를 따라온 이민자 제인은 감자를 먹지 않는 법을 연구하는 개척자 식용으로 날 전구를 먹을 수 있다면 우우 제인은 조금씩 잘라먹는 휴대용 우물도 연구하기로 했다

왈츠를 좋아하는 우물이 있었다 나무들이 걸어다닌다면 불안할 거야 긴 역사를 가진 가을을 주워 책가방에 넣었다 제인은 어제의 어둠을 잘라 연구실로 갔다 수천 개의 발만 전진하는 그 시대의 병사처럼 일기를 밀고 갔다

오늘 다시 태어나는 우리는 잃어버린 욕조를 계급처럼 달고 전진했다

절벽으로 걸었다 바람을 미는 일이 가장 어려웠다

당나귀는 도미노처럼 떠밀려 해변에 앉아 있다

바다와 풀냄새가 섞인,
우리가 생각하는 그런 얼굴은 보이지 않았다

한국의 어떤 마을에서나 볼 수 있는 처녀총각의 이야기나 죽은 부잣집 외동아들의 이야기도 없고 쫄쫄 굶은 귀신이 부랑하지도 않는 건전한 바다였다

심심하고 심심한 영화가 오래 중얼거리는 동안 감독은 다음에는 세기에 남을 영화를 만드는 거야 유명 배우를 꼬드긴다 한 번만 더 한 번만 배 속 가득 바람을 넣은 당나귀와 떠밀려다니는 펠리페는 소주잔을 파도에게 준다 새 나라를 두리번거리며 펠리페는 멀미하는 이야기의 등을 툭툭 친다

망한 나라를 걸고 패를 돌린다
해안은 넓고 철학자는 모래처럼 성장한다

오늘은 모르는 공포를 생각하며 해안을 서성인다 총알을

관통한 바다에서 당나귀는 그때처럼 꼬리로 울었다 누가 날 여기에다 버렸을까 모래 속에서 두 눈을 건져낸다

　공포의 비늘처럼 미숙한 생각이 많이도 쌓여 있다 누군가의 뼛가루를 털어넣고 해변은 키가 자란다 누가 어미를 버리고 새 이민을 권했던가 비문을 지우는 파도가 영하에도 얼지 못하고 파랗다

파미르

절벽은 직립이다
불가능이 가치를 소화하는 거다
비 퍼붓고 허파 펄럭이는 날
꼬리 없는 지붕은 어디로 갔을까
내 윤달은 연기처럼 솟아나고
내가 잡은 고기는 어부가 되었을까
떠오르는 별은 동아줄을 잡고 올라가고
내가 고갈될수록
밤은 번지고 엉키고
유전자가 일어서고 잉어가 일어서고
아무 꿈이든 한 움큼씩 자란다

호수의 정수리는 얼마나 단정하고 엄숙하였는지 유머는 갈색으로 부드럽다 바람이 마지막으로 뼈를 키우는 파미르 짐승의 영혼만 허락하는 파미르 죽음이 살찌는 파미르 뒷모습만 많은 정원사와 신과 대화 없이 살 수 있는 파미르 내일은 나비의 발목이 굵어질 수 있다 누가 단단하고 검은 잠을 푹푹 끓이고 있나 오열의 종신형을 받은 철학자가 아침을 오른다 비밀번호를 누른 바람이 사람을 안아 준다

　무지개를 숨긴 파미르는
　천둥을 감출 수가 없다

이 전람회는 비키니를 입고 오세요

아저씨는 병신이었다
아무리 괜찮다 말해도 다리는 나무처럼
팽창을 멈추지 않았다

이 전람회는 콩 밀개를 쓰고 오세요
먹다 남은 립스틱의 실패로
연쇄적으로 죽은 자객의 빨간 대답으로
책 속에는 원숭이만 주고받았다
음악은 미래를 의식하며 채색에 열중하고 있었다
우리가 말랑거리면 우리는 서로 우리를 알아보겠지요
한 발을 줍는 중인지 버리는 중인지 모르지만
아저씨가 사탕을 씹으면 원숭이가 자랐다
전람회의 미로는
잘 부푼 입구와 출구처럼 진지했다

사교적인 커피는 철학자처럼
귀 잘린 창문은 별똥별을 만지작거리며
생각은 참 질기구나,

피 흘리는 귀를 싸매며 채도를 매다는 아저씨
사회는 춥거나 너무 넓은 이마
빨간 것은 원숭이 엉덩이
기적을 훔치는 아우성의 윤리에 대해
한마디만 해 주세요

한마디라,
작품에 손대지 마세요

이모티콘 댄스

택시로 온다
코발트블루,
액체성의 대화가 의자 옆에 털썩 앉는다
긴장은 금방 엉덩이를 뒤집는다

의자는 어둠을 앉히고
밤새 구도를 진단한다
춤추는 에티켓을 연구한다

대화는 입의 위치를 생각하고 실망 절망 부끄러운 미친 짓을 컵 속에 엎어 놓고 대화에 다시 임한다 눈치 없는 액체들이 넘친다

소주는 없냐고 묻는다
새들은 없냐고 반문한다

주머니가 털리는 것을 본다
풀들의 주름을 목격한다

욕조에서 죽은 태양의 의마디를 뭉갠다
세상에는 많은 것이 너무 많다
비명을 다시 쿤류한다

곰팡이의 뿔을 비커에 달고 흔든다
비가 오려나, 젖은 형편이 퍼져간다

때가 잔뜩 낀 손톱으로 현란한 손가락 춤동작을 수천 개 개발하여 춘다 나는 어지러움을 느끼지만 재미있다고 진정한다

상냥한 피항지는 탐구자가 없으므로
부서지는 얼굴을 버리지 않는다

궁상은 편지도 없고
겨울 내내 나비를 잡고 있었다

사과를 따라가 보았던 집은 음악도 없고 빨강도 보이지 않았다 우물 속에서 누가 부르는 소리를 곤충이 갉아먹고 있었다 회나무 아래서 들으면 음악 같고 뒷마당을 지나가면 죽은 돌멩이의 몽상 같았다 어디서부터 변한 음색인지 우물은 한 문장으로 울었다

팔을 파닥거리며 퐁당. 물소리를 내며 개가한 여자가 혀끝에 우거지는 수풀을 쳐내고 있었다

사람은 떠나고 햇빛은 서로의 지느러미를 핥아주고 있었다 나는 어느 가문의 유랑자인가 타락한 유리잔은 맨드라미의 식솔로 가고 파괴되어가는 마당의 정맥들, 쥐새끼를 찾던 고양이도 없고 호랑이를 키우던 어미 닭도 죽고 오늘은 입 벌린 검은 비닐봉지가 주인이었다

토요일

　커다란 토요일이 왔다 꽃을 들고 왔다 창가에 둘기요 손가락 사이에 얹어 사용하요 김씨는 깨어나고 이씨는 계속 자고 있었다 풀 타는 냄새가 아침을 고들고들 튀기고 있었다 계속 토요일이 들어왔다 토요일 때문에 시장이 번창하고 과일이 매끄럽게 붉어졌다 끝없이 밀러들어오는 토요일 때문에 반성을 할 수가 없었다 뿌연 창문에 걸린 토요일을 닦다가 찔끔거리는 오른손을 버려야 했다 쓰레기통은 넘쳤고 토요일은 왁자지껄 계속 우거져 쌓였다 쌓이는 토요일은 곱슬거리는 머리를 부수고 생각을 부수어 뭘 하지 사방으로 짖어대는 토요일 때문에 골목은 살 수가 없었다 토요일은 다이아몬드처럼 우리의 사회에 박혀 들기로 굳게 작정한 거 같았다 아파트 연립주택 뒷골목 계속 밀려드는 토요일 뼈가 긴 토요일 때문에 아이들이 울 수가 없었다 미끄러운 토요일 계속 쌓여가는 토요일 때문에 예술은 길어지지 않았다 토요일은 조각조각 흩어져야 하는데

제2부

현대미술전집은 바나나바나나 한다

핸드폰이 런던을 읽는다
제목이 바나나바나나 현대미술전
얼굴을 벗고 챙 모자를 들고
세인트폴 수녀원을 건너간다

파손된 울음과 웃음이 창가에 엉켜 있고
내가 실종되고 우리로 죽었던 책상 앞
모래를 은방울꽃이라고 명명해 주소서
마주치는 대로 웃는 뱀을 만나게 하소서

지옥에 살고 있는 뭉크는 웃는다 현대미술전집의 빈칸 동판의 절규 자화상을 숨기는 유리문 마리 앙투아네트가 키우는 암탉 환풍기는 국제어로 주술을 외운다

바나나를 든 아이가 야구공을 타고 도착한다
7개의 다리가 추락하고
엄지만 남은 퍼즐은 정비구역으로 들어간다
바람이 간증처럼 부서지는 날이니까

격식을 차려 유랑기를 읊는 파리

고해성사가 와글거리는 스테인드글라스
사라지는 파수병의 눈은 사막으로 여행갑니다
출입문에 서성이는 문명과
백만 개의 죄가 루즈를 고치고 나간다

대기를 이탈한 행성이 불타오를 수 있도록

기도실에 앉아 루시를 찾았다
열병을 찾았다
아인슈타인의 새장을 분해했다
앉아 강철 나비의 핏방울을 닦았다

기도실에 앉아 예쁜 여자가 죽었다 살아 나오는 드라마를 만들었다 매화머리를 얹은 공작부인이 걸어다녔다 인상파의 저녁 식탁을 데코레이션하였다 접신되지 않는 서양 연극의 감정을 악천후처럼 그려나갔다

기도실에 앉아 인질이 되었다
인질에게 보내는 기립박수 소리를 들었다

기도는 운명과 오장육부와 이름을 검은 봉지에 넣고 흔들었다 수면제를 먹은 색깔과 수면제를 먹은 마술과 빨간 뺨을 가진 지뢰가 나무 계단을 되돌아나가는 행인을 바라보았다

수십 년 젖은 기도가 빨갛게 익었다
표정 없이 입곤된 도깨비가 동화책을 넘어왔다

기도실에 앉아 인질이 되었다
열리지 않는 창문을 보았다
랩을 노래하는 청중은 다음 계급으로 나아갔다

의자를 버리고 의족이 되었다

단음이었다
의자를 버리자 비행이 시작되었다

반투명의 화분이 무엇을 피울까 햇빛이 깡충거렸다 다 주고 남은 저녁 같은 나방을 키웠다 손금 사이 부스럭거리는 화환을 걸었다 날벌레들의 이륙이 지구를 흔들었다

죽은 몸이 남은 몸을 앓는 밤이었다 메시지가 닿지 않는 국적이었다 무릎을 달리던 피는 급커브를 돌아나갔다 예언은 봉지처럼 시끄럽고 손금을 달렸다 체온은 사회성이 짙은 갈증으로 휘발되었다

살냄새와 마른 구름을 씹었다
낮 꿈은 피가 나도 젖지 않았고 너울성 파도가
발자국을 쓸고 갔다

우아한 예측불허

 스프는 우아한 교양을 향해 달렸어 코끼리는 날아가는 꿈을 꾸었어 거위는 다른 나라를 만들었어 예측은 몇 개의 새벽을 더 틀리고 나서 환해졌어 우아한 교양은 열 개의 하늘을 나열했어 짧은 노래를 후 불어 세계의 평화를 건배했어 감정은 모서리가 터진 액자를 흔들었어 미지근한 웃음은 밟아버렸어 몰락처럼 우아한 교양이었어 코끼리는 날개를 꺼내 무지개를 탔어 우리는 자동차가 되었어 관계를 말할수록 우리는 덜리 날아갔어

 공공의 기적이 예측을 키웠어 날카로운 절벽은 패스 어금니가 무더기로 흔들렸어 여하튼 오지 않는 경축이었어 시대는 혀만큼 비좁았고 지구의 내부는 늘 시끄러웠어

 어디로 가야 할까
 곧 사라지는 노란 코끼리

 예측은 울어보지 못한 천둥
 내가 무엇을 기다리고 있었어

구비문학의 모서리를 열고 토끼를 꺼냅니다

　첨단의 눈이 내리기 시작합니다 흰 건물이 방황하기 시작합니다 발을 잃은 공이 푸른 개를 끌고 갑니다 의자 둘은 흰 떡을 먹고 딸꾹질을 합니다 지하철을 찾아 눈이 내리기 시작하고 기다란 상상이 뿌리를 내리지 못하는 플라스틱 생애입니다 하늘을 벗어나지 않으려는 가면무용입니다 결말이 똑 닮은 이론의 중력이거나 리허설입니다

　지난 이야기와 지난 약속은 이명처럼 자전거 바퀴를 돌아나갑니다 오늘은 꿈만 자라는 하루라고 적어둡니다 흰색은 환생이 없으므로 그림자는 허구입니다

　문장이 정확하지 않은 구비문학의 모서리를 열고 토끼를 꺼냅니다 가위를 빠져나간 앨리스를 찾아 국가의 이름을 부릅니다 누군가의 상상에서 떨어진 눈들이 반짝반짝 우주놀이를 합니다 울지 않는 토끼야 집만 지키는 토끼야. 어린 새벽 같은 지성 옐로우 고양이 넝마주이가 시소를 탑니다

　사냥꾼은 가부좌를 틀고 그 미로를 메우고 있습니다

검은 골목에 흰 토끼를 그리고 있습니다

프로이트는 비어 있는 의자를 지나간다

사회가 모여 있다
동화는 아니다
휴일은 비릿하고

얇은 휴일은 멍하게 개미를 보고 있다

개미공은 순수를 보는 것처럼 이쪽을 보고 있다
프로이트는 춤추고 노래하고
개미공을 타고 상상을 보고 있다

밥은 먹었니 광기와 고독을 편집하는 개미공을 키우는
프로이트 잔디의 귀를 먹고 개미공은 계속 태어나는 거야
비어 있는 의자에 프로이트는 앉지 않고 지나간다

비늘처럼 떨어진 음악 터덜터덜 걷고 있다
개미공을 따라 프로이트 종일 길어지고 있다

안녕 나무야

안녕 존재야
카스테라만 찾는 고양이야

감정을 함부로 버리지 마시오 누가 밟고 지나간 상상을 몰고 가는 개미굴은 옥수수를 넘는 것처럼 프로이트를 보고 있다

울지 않는 새 신발은 매우 상냥하구나
회색을 기발하게 개척허드린다는
프로이트

비행

동전을 넣고 신발은 비행하네

시간 옆에는 죽은 형이 하품을 하네 화병은 목을 박고 죽어가는 꽃들을 위로하네

화병은 언제나 미사 중인 꽃들이 아름다운가 묻네

비행은 죽은 이의 거처를 찾아가보는 것 할머니의 그 할머니의 이름을 모르니 허공을 유성처럼 헤맬 것이네 몰래 떠난 형의 뼈를 찾아 흰 종을 흔들어 볼 것이네 뱀의 피를 빌려 언덕에 올라 사과를 딸 것이네 여우를 심고 노랑 사과가 진동하게 할 것이네 어려서 죽은 형이 새파랗게 입을 열 것이네

누운 시간은 손 악기를 불고 마늘 먹은 푸른 뱀을 빠져나온 비가 나라에 임하시네 프로펠러가 멈추고 비행은 땀을 닦으며 따닥따닥 붙은 아프리카를 구경하네

비행은 검은 음악을 발바닥으로 디뎌보는 것이네 아버지를 평면으로 눌러보는 것이네 하얀 꽃들이 영혼을 흔들며 아프리카처럼 씩 웃네

소원을 거절해요 언니

종이비행기에서 뛰어내리는 주파수

예감은 말하지 마세요,
발견되지 않는 아름다움은 친절하지 않을 수 있으니까

소원은 어디서 끝나나요
시큰둥하게 우유를 먹고 어둠을 소비해요
사이키 조명 같은 소원을 거절해요

언니, 꽃들이 럭서리 소원을 말할 때마다
팔 하나씩 떼어주며 고개를 넘지 마세요
발 없이 떠도는 석고상처럼
수요일처럼
피아노를 멈추지 않아요

언니,
입술은 럭키를 위장하고 있어요 남발한 기도들만 혀를 빠져나왔어요 어디서 붕, 흰 개가 날아가요 골목은 서성이

며 늦어지는 주말을 기다려요 괜찮아요 럭키는 어디서나 피어요

　무릎이 녹아요 밀서처럼 소원을 내밀어요 신은 우리 도시를 지나 그 사람으로, 전언을 호명할 때까지 빨간 눈이 내려요 크리스마스 옆에서 전쟁터 옆에서

　알리바바 바바 소원을 외쳐요

어메이징

    비 오네요 앵무새는 없어요 폭우는 며칠씩 봉인된 채 사라질 수 있어요 오늘은 뭐하냐고 거품 물어요 미친 듯 밀려드는 운명을 보고 있어요 비는 예쁠 때도 있고 물은 고마울 때도 있죠 지금 물이 그 집으로 몰려가요 매매계약서도 없이 집을 내놓으라는 게 말이 돼요 어디 가서 말해요

    말문 닫은 앵무새 기형의 앵무새 오 어메이징 어메이징 유령들의 물놀이 쉼터, 유령들의 물놀이 교육장이라니요 그게 말이 돼요 관광차가 고양이를 건져가요 참 다행이지요

    아무것도 아닌 것처럼 물에 매몰되는 오늘,
    눈뜨고 처참을 보고 있네요

서류 주세요

 내 얼굴은 구비서류가 아니었어요 서류 주세요 얼굴을 턱 앞으로 밀었어요 얼굴에서 내가 보이지 않았어요 그는 이름을 크게 불렀어요 다시 대답했어요 그는 빤히 봤어요 목구멍을 뒤지듯 신분증을 살폈어요 본적이 어디인가요 나를 본 적이 없는게요 본인이 맞는지 본인이 몰라요 만난 적이 없어서 미안해요 본인 오라 했을 텐데 새를 데려왔군요 개가 멍 뛰어나오다니, 즈소 불러보세요 부산 식물원로… 내가 발견될 수 있을까요 지문이 숲처럼 흔들리는 걸 몰랐다니 그러니까 내가 왔잖아요 너무 파랗잖아요 머리도 꼬리도 없는 것이… 그는 빤히 봤어요 등에 점이 있는데 호랑이 껍질을 붙였는데 입에서 자꾸 풀이 돋아났어요 발끝에서 도넛이 부풀어 올랐는데 내가 어떻게 발견될 수 없을까요 유사 얼굴 조심하세요 비밀 없는 얼굴을 어디다 씁니까 돌아가세요 서루 모셔오시요

미간의 원+원 선데이

P양이 살고 있었다
고흐는 버려져 있었고 어차피 어찌할 상황이 아니었다
고국은 날마다 울었다
엽총은 멍하니 벽을 향하고
잘 가 동생은 처음 보는 것처럼
번지점프를 계획한 것처럼 손을 흔들었다
해바라기는 완성되지 않았다
통조림 이야기와 끈질기게 같이 살았다
미간에서 시작된 눈이 펄펄 내리고 있었다
귀 밖에 나가면 언어는 구도자가 되었다
자객은 누구나를 향해 걸었다
자객은 인사가 없고
노래는 헤엄을 치며 달렸다
스티븐 호킹은 무슨 종교처럼 대문에 서 있었다
미간은 사교적이지 않았다
가끔 지나가는 비행기는 망설이지 않고
물고기가 되었다
베일을 생각할수록 깊은 내면으로 들어갔다

관절 없이 엽총은 너무 으래 서 있었고
아홉 시가 금방 도착하드 생일이 잠기고
미간은 한 번도 숨어 있지 않았다
은하수처럼 숨어 살지 않았다
옷을 입어본 적 없는 목적지처럼
과거는 북극에 가깝고
개망초가 미간을 오랫동안 들여다보았다
혁명이라니 눈은 초고처럼 흩날렸다
난제는 경계에서 비공가로 돌아섰다
블랙홀은 남의 집
저가풍 휴식이 꿈은 뚝뚝 떨어지고
가로놓인 건반을 평화의 경로로 부를까
미간에서 영영 떠오르지 않는 양복 입은 사람들
오토바이를 갓길에 세워두고
미간에서 걸어가는 사람들
구름은 관제탑을 피해 걸었다
교각이 있고 호박이 옽린 천변에서 사람들
가난이 감염처럼 남아서

신선식품에 관심 있다면 연락주세요
붉은 뿌리의 잘못된 어근
번역은 엉거주춤 어디로 가는 줄도 모르고 달렸다
사는 게 무섭지 않은 황무지와
아이와 유명 강사가 트럭을 타고 어디든 갔다
왜 여긴 파란 집이 많아요
위안이 된다면 정면으로 와요
징검다리는 텍스트 진지한 음악
식물은 게시물을 올리지 않고 핀다
배 속에 아름다운 엉덩이를 넣고
비밀번호를 잃어버린 오리의 입장으로 울었다
슬프다 뒤뚱거리는 오후
소신이 혼자 걸으면 어둠이 감응할까
어제는 검다를 지나 시각적으로 비쩍 마른
바다가 노아에서 떠올랐다
붉은 상처가 말라가면
매우 화가 난 꼬리가 태어날 것이다
어지럽고 복잡한 해바라기의 하체

별빛이 빛나는 아름다운 낙원은
의자 옆에나 살지 의지를 말할수록
심장이 아픈 사람들 주먹을 쥔다
광기가 내부의 생각을 정리할 때 쓰이지 못한
동물의 문명을 받아썼다
잉크가 말라버린 숲은
개종한 일요일 아침처럼 신열이 났다
내가 늘 고대하는 방향으로 손금이 자라는
선데이를 혁명이라 불렀다

내가 곰과 친했을 때 죽인 해바라기

마른 눈물에 빠진 애인에게서
웃음마저 제거하는 게 아니었어

웅덩이에 빠진 여름에
돌멩이를 던지면
내가 곰과 친했을 때
죽인 해바라기가 피었어
아이처럼 슬프지 않아도 울 수 있나
나와 친한 곰이 초식동물을 쓰러뜨릴 때
전설을 막고 우는 보랏빛 여우
세 번 죽고
한번 태어난 사람들

설화와 사라진 외투
밤과 말아먹은 까마귀의 긴 내장
입장권을 따라온 박수처럼
언제나 떠 있는 점프

명사는 달리면서 일기를 쓴다

총격이 국경의 관계를 상실할 때

세계적인 마술사는 화면 깊이 칼을 꽂고

결연이라는 목덜미를 잡고 기다린다

죽음을 열어 본 것처럼

관통에 쓰러지는 상실

조사 없이 신은 체스판을 끝낸다

The end

저기요

저기라고 말하면 사슴이 보인다
저기라고 말하면 천년이 흩어진다

여자를 쫓아갔다 돌아오는 벌레
숲은 음악이 가지 못한 아우성
또 한 발을 걸어가는 나비다

입술에서 개구리로 뛰어내리는 꽃의 체온
중얼중얼 넓어지는 바다의 돛들에
주름진 미열은 불룩해진다

처음 저기라고 말한 사람
다른 별에서 해독증을 앓는데
저기의 내장엔 돌아보는 방법이 없다

빈 공터거나 가뭄일지 몰라
새는 그런 기억으로 절벽을 허물어 나가듯
저기저기 저기는요

서성대거나 없는 질문

잼에 빠진 빵집을 돌아갈까요

저녁이 되면 호기심은 수분을 잃게 되겠지만

조금 더 불안하거나 불이 없는 예감으로

꼭 한번 도착하고 싶은 얼굴이 있다

밟아보고 싶은

오지가 있다

비교적 푸딩

공간을 닫자
소설은 아래 칸으로 몰린다
재채기에 막 시작되는 에피소드가 흩어지고
수리를 맡긴 주제가
주제를 찾으러 문 앞에 서 있다

구경 좀 할게요,
신세계는 거기 있는지요

링에서 내려온 소설은 커피를 마신다 뼈를 잘게 부수어 본질과 마주 본다 물 위를 둥둥 떠다니는 태도는 흰색이다 모두가 푸딩에게 기분을 묻는다 온도를 지키면 비밀은 부화되지 않나요? 까놓은 얼굴에게 결심을 물어도 되나

사막에 푸딩이 돋아 오르고 환한 도시가 사라진다 벽 없는 푸딩을 자르고 향신료 첨가 퍼센트에 무슨 변명이든 버리기에 좋을 시간 낙타와 푸딩과 춤은 고체다

유리 구두를 들고 내가 흘러나오기를 기다린다 푸딩에서 샐비어는 혼자 피 흘리고 있다 농담도 없이 공상을 나누려는 푸딩

아비뇽 씨, 창고를 참고하세요

여자는 세계사에 몰두한다
창고를 참고하세요
여자는 벽을 벗어나지 못하지만
소란은 화분을 들다 부서진다
여자는 여러 곳으로 찢어졌고
언어를 인식하는 화분은 시끄럽다
물소리가 미래 없이 깨어진다
한 손에 감꽃을 쥐고 계속 걸어가는
하이힐에 여자의 가능성이 또각거린다
여자는 세계사에 열중한다
흔들어도 깨어나지 않는 어깨에
오늘은 나비의 법칙을 잠근다
여자는 총을 들고 감옥 가까이 간다
낡은 소화기를 든 어둠
푸른 구석이 한 바퀴 빙 돈다
어깨와 함께 버린 기분을 돌아본다
여러 나라 여자가 춤을 춘다
환호하는 미래의 방향이 변덕스럽습니까

꽃밭이 물을 마시고 친절해질 때
벌판과 골목의 살냄새 때문에
가면의 목은 빛나고 비명이 사라지는 정물
골목의 나쁜 냄새를 이해하는 것처럼
처녀들은 휘어진 허리를 흔든다
은총이 가득한 햇빛은 총총

은수

  뭐 잃어버린 것이라도 있는 것처럼 주머니에 손을 넣고 두리번거린다 조금 전 꿈이 나간 창이 열려 있다 얼굴이 보이지 않는 목소리가 기다린 사람처럼 의자를 내어준다 이제 왔구나 피아노 소리가 목소리를 덮는다

  둘러보아도 목소리는 낯설고 길게 땋은 머리도 낯설다 창가로 앉을래 밥은 먹었니 그런 음성이 몇 번 들리고 팽팽한 생각을 놓쳐버린 날 피아노 소리가 지구본을 빙글빙글 돌린다 액자 속 사과나무와 까치가 후렴 같은 말을 계속 주고받는다 중요한 말처럼 아는 사람이 들이닥치면 무릎 위에 손을 얹고 사라진 사막과 일기를 읽는다

  뒤로 걸어간 그림자가 우물을 빠져나간 풍선의 목멘 기억을 듣는다 풀 뱀 꿈 반짝이는 전기가 사람을 부른다 은수는 기억을 더듬어 파란 대문을 연다 분홍 같은 얇은 봄과 무성한 주름 사이 피아노 소리가
  풀처럼 흔들리며 오래된 집이 된다

자연적인 밤이 환하게 차리고 나간다 무엇이든 다 보일 것 같은 아래를 띄워놓으견 벗어놓은 신발은 저 건너 계곡이 된다 서로에게 예민했던 곳에서 나무들이 자라고 나무는 일상의 완성을 위해 그 자리에 서서 꽃을 피운다

은수의 계절은 반항 같고 침대는 복종 같고 기차는 소설 같다 은수는 유리 구두처럼 카페에 오랫동안 서 있다

건조한 나무가 자정을 풀어 놓는다

혹 여자가 어둠을 밀어보는 것은 사방을 열기 위해서다 갑자기 죽어버린 틈을 비상구로 끌어낸다 어떠한 위문도 닿지 않는 나무토막, 불탄 거리와 엮여 있다 반납되지 못한 시간에 물을 준다 옥상이 지하로 내려가는 길에 썩은 줄 모르는 이름을 발견한다 햇빛이 들이치자 이름은 얼른 구석방의 울음을 바꾸어 은하를 건다 이제 역사관 문을 닫습니다 흘러넘치는 제국이 몇 개의 구호를 담장에 붙인다 죽었다고 다 역사는 아니라고 단명한 왕족이 문장을 흔든다 단칼에 쓰러진 풀들이 열사적 몸짓으로 달려온다 헤어진 가족처럼 침묵이 오열한다 잠시 유영하다 죽어버린 날개상어의 기억이 기어 나온다 상어와 나의 조상이 나란히 걷는다 음악과 물결이 식욕을 일으킬 때 밑천이 드러난 역사가 관을 빠져나간다 간결한 우울이 웃음을 수습한다 쏟아진 꿈은 깊고 신비롭다 말라빠진 불빛이 계단을 기웃거린다 붉은 모란을 동반한 전생이 페르시아 순회를 마친다 다음 순서는 택배로 도착하는 아프리카로 하겠습니다

제3부

청동 귀걸이

클립은 관계이므로
그녀의 귀걸이는 전전긍긍을 달고
동쪽으로 항해한다

클립, 오늘의 악보에는 신중한 음악들이 적혀 있다
어젯밤 폭우에 죽어간 기도들
클립은 울음을 묶는 자
수천 개의 클립을 달고도
봄밤을 놓치는 벚꽃들

역사관에 없는 아버지가
추위와 공포에 떠는 마지막 사랑을 창으로 지킬 때

아무것도 모른다는 관광객이 지나간다

종소리는 폭력을 억제 중이고
공원에 뉘어진 영혼은 평화로운 체인징을 위해
두 손을 뒤로 묶인 채

쌀쌀한 생각을 극복해야지

극히 수학적인 무게로 애도할 때
눈물은 망설이는 사람을 통해서 나오고
매듭을 옮기듯 걸려 있는 그리스 해
무기를 옆에 두고 잠든 인형처럼
피 냄새를 닦는다

돼지가 한 마리도 죽지 않던 날*

엘리베이터는
아파트를 누르고
뚜껑을 닫았다
여러 개의 눈이 들어와
비좁았다
두 팔을 공중에 매달 수 있다면
분해를 계속하는 유리관을 처음 대하는
유리 거울은 미래라고 쓰고
점 하나 탕
주머니에 동전이 밑천일 때
버스를 지나
왜 하필
사거리를 서성이는 마녀를 보았을까
행운에 불붙이며 단벌의
기적을 게워낼까

  파스를 붙인 기억의 기괴한 액자가 태어나 레게식 아이, 머리가 열두 개 달린 현대식 남쪽을 길러 불안과 사각의 대

화는 평안한지요*

   엘리베이터는 가슴이 흘러넘치기에
   좋아
   무지개를 해부하기
   좋아
   무수히 쪼개진 바닥
   자발적 법칙 자발적 유행
   탁자 의자 오리발
   엘레베이터 속에
   자발적으로 빠진 아파트

* 로버트 뉴튼 펙의 소설.

설정

 거기 서 볼래요 그래요 그렇게 약간 옆으로 허리를 빼고 물고기 시선으로, 주먹은 사소한 사회를 향하지 마시고 반쯤 접어 턱수염 밑으로, 새로운 허파를 세우겠다구요? 그래요 숨을 참으세요 최대한 길게, 호흡은 비린내를 응시하세요 다리는 살짝 꼬아 지하도 쪽으로 내려 볼래요 음악에 흔들리지 않도록 돼지 걸음으로, 무아하게 웃지만 이빨은 뒷골목을 깨무는 수준으로 그렇게

 피카소가 데려온 '우는 여자', 코가 빨갛도록 울어요 나를 발견하고 울어요 염소를 타고 가며 울어요 잠을 자며 울어요 물고기처럼 눈물을 먹어요 살벌한 자세로 눈물을 지키는 피카소는 도무지 알 수 없는 전통이군요 100년 전 택시가 헤엄치며 오다니, 놀랍군요 심각한 줄거리가 신중하게 녹아내린 골목은 정오에도 슬퍼요

 거기 서 볼래요 또 시작할까요 삐에로가 피카소를 따라갔나요 늪을 지나는 눈물의 생각, 파랑이 터져버릴 것 같아요 벽이 쏟아놓은 나비 말인가요 쏟아진 삐에로는 자기 속

으로 들어가는 입구를 잃어버린 거예요 가속에 매달린 미래여서 미안해요 화면이 따라가는 음악에 선량한 변기통 잘려나가요

 또 한 컷

나는 무리하게 생겼습니다

 나는 무리하게 생겼습니다 아침저녁 굿모닝은 무리한 감자입니다 마침내 2층 버스를 타고 무리한 코너웍을 했습니다 반듯하고 근사한 도시였습니다 창문을 탈출한 아라비아 숫자는 검은 모자를 쓰고 은행 쪽에서 손을 흔들었습니다 젝크 뷰티플 앤젤 뷰티플 나는 무리하게 팔을 퍼덕거렸습니다 감자는 나비를 먹고 진홍의 감자꽃을 뱉었습니다

 시고 떫은 테이블은 들판처럼 전진했습니다 나는 으깨어진 감동을 주워 읽었습니다 어쩜 이렇게 씹을 게 없는지 녹슨 레몬을 건너가는 장마전선이 중얼거렸습니다 나는 더욱 고민하는 자세로 얼굴에 매달렸습니다

 여러 번 벗겨진 감자가 지하철에 대롱거렸습니다 무리하게 쌓인 얼굴을 씻었습니다 얼굴을 비비다가 초코바닐라녹차민트블루베리망고바나나체리인절미딸기아이스크림을 먹은 비밀을 쏟았습니다

 무리 속에서 비스듬한 노래를 불렀습니다

나는 너무 많은 얼굴을 끌고 다녔습니다

일반적으로

 커피 한잔해요 시력은 친절할 거예요 커피 한잔합시다 오후는 신중해질 것 같습니다 커피를 들고 오거리를 지날 때 자신에게 좀 심각해집니다 지난밤 꿈이 생각나 신호등에게 조심하라고 말합니다 어깨를 흔들어 피카소를 조금 섞어 놓습니다 안녕하세요 안녕하세요 텅 빈 인사를 합니다 심각할 게 없는 미소는 자주 열리고 닫힙니다 스모키 화장을 지울 때 달리는 사이렌 소리에 흔들리지 않습니다 오늘의 뉴스가 시끄러웠다면 정상입니다 생각이 불타고 누구는 요행히 살았습니까

 무엇이든 해결해드립니다 높은 곳의 플래카드를 믿어야 합니다

 흔들리는 행성은 여기에도 많습니다 사이다를 마시고 끓어오르는 상상을 모았습니까 폭소에 희생된 접시와 고양이, 고양이에 희생된 고기와 그의 전생도 가엾어야 합니다 티브에 붙은 붉은 고기도 가엾어야 합니다 알고 보면 떠돌이 이 행성도 가엾은 것입니다

— 이곳을 개봉해주세요 —

⇒ OPEN 신대륙입니다 바다는 아이의 발자국입니다 이름은 절반만 절벽에 기대 있습니다 흐린 요일이 절정입니다 첫발은 난간을 지우는 것입니다 녹슨 숨소리가 날개입니다 계속 홍수를 설명하는 나라에 도착합니다 새로운 후손이 싹을 내밀고 있습니다 달려온 조사가 시끄럽습니다 모래로 깨어진 얼굴이 정오로 웃습니다 새로운 먼지가 새로운 사람을 열고 있습니다 다족류의 나라에 웃음과 울음의 거리는 없습니다 상점에는 색깔 다른 안녕이 많습니다 갓 태어난 뿌리가 당신을 부릅니다 돌아갈 때는 모두가 알고 있는 점프를 이용 바랍니다 당신은 절벽입니다 문을 열면 내부를 쏟아버린 당신이 있습니다

생일이 없는 눈의 수영

 생쥐는 수영을 잘한다 태양은 수영을 좋아한다 낙엽은 아이를 잡고 수영을 즐긴다 교양은 접영을 좋아한다 집배원이 수영을 하며 지나간다 고구마가 식탁 모서리를 잡고 뜀뛰기를 한다 둘레를 잴 수 없는 눈은 한 번도 마른 적이 없다 파도는 앞집을 훑고 지나간다 열차는 무용수처럼 미래를 해설한다 수영복을 입은 엄마가 검은 물속에서 하얀 이빨을 보이며 웃는다 생일 없는 눈이 오래 떠다닌다 숲은 너울너울 배영을 한다 바위가 고개를 젖히고 동그라미로 운다 삐에로의 감정이 거품을 만든다 낚시하는 정원사 가을을 거두는 해바라기, 가방 멘 지붕이 빵집을 건너간다

 몇몇 친구들과 전등은 컹컹 짖으며 집으로 간다 걸쭉한 손뼉의 맛이 난다 귀걸이만 달린 햇빛은 웃다가 웃는다 오늘은 유령이 옥상에서 뛰어내린다고 한다

 즐거운 수영의 날

존 말코비치 되기

 월화수는 금요일에 기댄다 목요일을 건너뛸 수 없어서 숨이 찼어요 비는 당도하자마자 지하도로 들렸어요 수수밭을 바꾸는 것이 목적인 것처럼, 나는 금요일에 도착하기 위해 태어난 것처럼 군중은 몰려들었어요 새가 쉬는 동안 비행기가 날았어요 그동안 수분 없는 친구를 따라간 것은 잘못이었어요 소 등에서 스테이크를 먹는 것이 아니었어요 별을 멀리 보낸 것을 반성해야겠어요 먼지를 털어야겠어요 비를 털면 아버지는 어디로 가나요 너무 많은 눈을 버려야겠어요 첫 피는 혁신되고 혁신되고 공룡이 되었어요 낯선 내가 경적을 울렸어요 항구는 번영하는 기념일이었고 내일의 소원은 밖에서만 살았어요

거리는 몽

닉스에게 게임의 법칙을 다시 정하자고 말했다

눈 오는 밤

은밀한 계약은 끓어오르다 활활 타올랐다 은밀한 힘은 처음의 순도를 쫓아 백 년 동안 탈수되었고 가공되지 못한 루돌프는 삐거덕거리며 언덕을 올랐다 불평이 뭔지도 모르는 루돌프 영원히 생산적인 루돌프에게 후원금을 보낼까 죽은 이야기를 처리할 화장장은 보이지 않고 닉스가 심어 놓은 푸른 몽

자라라
아무도 없는 도시의 불빛을 다스리는 닉스
닉스는 눈이 유도하는 대로 살았다
기습적이라도 눈은 공평하다
닉스의 숨소리는 고르다

밤은 과거를 분류하며

약동하는 환유를 심었다

즐겁고 발랄한 꿈을 가꾸는
닉스

E 벌레

굴러서 갑니다
마침내 옮겨지는 이주

군중처럼 흙빛으로 앉기도 합니다 빗물처럼 덮어쓰며 갑니다 전단지의 기쁨을 스쳐 학교 앞 버려진 모자는 아직 웃고 있습니다 우유에 참기름을 치고 토스트에 이름은 짙은 걸로 두 겹 간이역을 간단히 지나가고 56분에 남은 음악은 잘리고 거리를 짜기운 폐목의 관계 같은 집들은 붙어 앉아 세상 같은 거 읽고 있습니다

스카프로 담벼락을 감아주며
어디로 갈 거냐고

돌아서 갑니다 튕겨서 갑니다 마침내 조금씩 옮겨지는 우주 창이 내다버린 불을 안고 자야 하는 어둠은 안과 밖을 뒤집어 걸어놓고 누군가는 밤을 밀어내지 못하고 삼킵니다

E 벌레 걷습니다

안경 2 뜹니다

별 셋 걷어차여 소멸합니다 건전지를 끼우고 각이 없어 더 먼 사과를 넘어갑니다 사과인 줄 모르고 앵앵거리는 뻔한 길은 뻔해서 갑니다 벌레가 삼키는 저녁과 침묵과 어린 새 이 바닥은 미궁입니다

말랑거리는 도착이 호객을 합니다
그만 가는 것에 찬성입니까
오늘은 여기까지, 커서가 작동하지 않습니다

우리가 불편했다

차단기 앞에서

 우리를 풀어보기 위해 얼굴을 뒤집어 보았다 상냥한 이유들이 웅성거리고 출렁거렸다 집으로 흘러가지 못한 이름이 밤으로 썩어가고 있었다 어떤 변명도 정지선에서는 침묵하고 결심처럼 깜박거렸다 남은 무엇은 남은 무엇과 나라를 키웠다 단단한 미래는 언제 열어보나 우리에게 닿은 상식이 불편했다

 우리를 모르는 우리의 광장만 다정했다 수천 개의 구호는 달달한 이유를 내밀며 검문소를 넘었다 갈등은 사용시간을 넘기고도 심하게 떨었고 날아다니는 국경 날아다니는 노래 말라가는 상식과 규칙이 버석거렸다

 접시를 마셔버린 토마토처럼 해가 땅바닥을 뒹굴었다 차단기 앞에서 우리가 범람했다 흐르지 못한 희망이었다 빨간불은 나무 밑에 떨어진 우리를 주워 키웠다

내면은 없다

 줄거리는 동전 속에 있습니다 얼굴을 숙이고 코를 들이대지 않으면 꽃말은 한마디도 들을 수 없습니다 향기는 닫혀 있고 향수는 열려 있으니까요 풀지 않는 표정의 내장이 잼처럼 달콤하면 좋겠습니다 태양이 웃음을 연장하려면 환경을 설득해야 합니다

 내면은 없다 프로이트가 마른 밑줄에 물을 줍니다 꽃들은 마술의 형태로 흔들리거나 지저귑니다 몇 량의 혈족을 지나 기호가 피어나듯 이런 나부는 처음이야 이런, 색채를 너무 빨리 벗어 버렸습니다 알약이 퍼지는 예의를 지켜야죠

 땀 흘리는 분홍이 사회를 빠져나옵니다 때로는 꽃이 짐처럼 빠져나와 우거진 아버지를 들여다봅니다 우두커니 붉은 구석들의 비명은 무엇입니까 날마다 유전자를 살해하고 일어납니다 그리고 붉은 깃발과 신이 살고 있다는 칸나를 쇼핑합니다

물은 셀프입니다

그렇게 말씀하시면
부드럽고 상냥한 교육입니까
이 얼마나 갈증난 명사입니까
적의는 사라지고 말랑한 혀는 금방
분홍 말을 하는데
물 한 잔 가지고 벌컥 할 수도 없고
몸은 공손히 일어나 모범적인 사회인이 되는데
그래서 평범한 국밥을 먹는데
명령어의 힘을 이렇게 경험하며
반찬은 셀프입니다
벽에 붙은 인사처럼 뚱뚱하게 웃는다

맛있게 드세요
오늘은 잔반 없는 날입니다
민주시민이 됩시다
윙크하는 벽

커피는 셀프입니다

안녕히 가시라는 벽에게
안녕히 계십시오 공손한- 우리는
언제부터 벽과의 소통이
이렇게 원활했습니까

치즈를 찢는다

치즈 스토커 학교는 너무 마법 같애

계곡을 잡고 쭉 찢는다 치즈에 달려 있던 손은 다른 계곡으로 떨어진다 같은 새가 다른 새처럼 운다 줄행랑처럼 공공연한 비밀이 튀어나간다 눌어붙은 비밀은 욕지기가 반이다 글쎄요, 치즈의 질문은 뭡니까 겹겹이 포장된 0시의 생각이 하얗다

그래도 사회는 달린다 빌어먹을, 치즈는 접시만 보면 분양 중이다 굴러라 굴러 너무 많은 빵이여, 나팔꽃은 스탠드를 켜야 자나 치즈야 훔쳐간 의자를 다오 던져버린 개구리를 돌려줄래 웅크려야 팔려가는 파이와 치킨 흔들리고 있다

우리가 다녀오는 고백은 저항이 없잖아 춥고 덥고 시리고 감상적인 치즈라고 분류한다

음 음 더듬거리는 모닥불이
올해의 퀸이야

퓨마

연주는 부화입니다

북쪽이 떠오릅니다 최초의 세포가 대륙을 갈립니다 저돌적인 먹이를 읽은 후 호수를 이해하지 않습니다 흔들리는 것은 숲이 되겠지 파열음은 아이를 낳겠지 이상은 어딘가를 떠도는 비행처

습기가 빵을 노려봅니다
튤립에 대한 인사는 재즈
유리창은 드러머의 심장처럼 핑크
청각은 깨어지지 않기 위해
국경을 개방합니다

무릎 다리를 꼬아 앉은 의자가 해동합니다 리듬은 충분합니다 조명은 출렁이는 어둠의 손을 꼭 쥡니다 비상구의 조바심에 흐르는 상상은 그룹으로 모래밭을 달려갑니다

귓속의 수많은 나비가 날아갑니다

이 내용은 뭡니까

외국말을 하나 블랙 커피를 먹고
블랙 껍질을 벗나

국경 속에 있나
비늘을 치고 흐르는 피를 깨끗이 씻으면
입구가 보입니까

내용을 보여주시겠습니까
우리는 내용만을 취급하는 그룹입니다
한두 번 껍질을 까놓은 것으로는
내장을 몰라서

절규를 먹고 잽싸게 차를 훔쳐 달아납니다 대륙횡단 열차를 끌어와 국경을 넘고 음악은 깨어져 뿔뿔이 날아갑니다 오늘은 평범한 공원의 성격을 바꾸기로 합니다 녹지 않는 통조림은 웃고 춤춘다 기록합니다

피는 점점 희미해지고 불가사리는 바다를 모르고 프랑스

는 루즈를 모르고 친구는 물고기자리를 고기라고 믿어버립니다 은색은 무색을 모르고 존경은 두통으로 나의 내용이 세모인지 체크인지 짐승을 끌어낸 가죽 구두가 한 발로 펄쩍펄쩍 뛰어갑니다

민낯

이상이 살았다
철학자의 해진 신발 같은 집이었다
이웃은 멸종하는 중이었다
산은 또 들어와 마당을 서성이고 있었고
시민은 별에서 별로 이동 중이었다
맨드라미는 뜨개질을 하고 있었고
바람 부는 날이면 작은 미래도 펄럭거렸다
나무는 어린아이의 첫 슬픔을 지문으로 그렸다
그 얼굴에 볕이 들까
볕이 들면 귀는 어금니를 목을 쓸어 넘길까
미소를 벗어도 장미는 뜨거울까
김씨 박씨 경씨 고유한 복숭아 웃었다
까만 점이 있는 손목이 수돗가를 뛰어다녔다
잠이 들지 않는 생각을 툭툭 쳤다

  노랑은 긴 호흡을 반복하고 심해에서 태어난 태양은 집으로 걸었다 국외자의 어린 시절이 그늘로 깔리고 첫 번째 미련이 턱 끝에 매달려 오래도록 딸랑거렸다 노래는 빵을 찾아 헤매고 자연을 건너간 거울이 얼굴을 주고받았다 얼굴을 펼치고 미소를 배양했다 타인의 상상이 정면으로 쏟아졌다 가면적 세계가 코끝을 세 바퀴 돌았다 빈혈은 반성하지 않고 격렬하지 않고 세상의 모든 낯빛을 받아적었다

안경은 왜 침묵으로만
예의를 갖추고 있습니까

안경을 쓰지 않고는 당신을 확인해 줄 수 없습니다

코가 낮아 어제도 어려웠습니다
질문은 비밀스러운 두부처럼 껍질이 있고
외투는 토라진 감촉을 버리고
새 친척을 양파처럼 차용합니다

코끝에서 캥거루가 체조를 합니다
밤새 쌓이고 쌓인 숲이
세 명 네 명 무더기로 날아갑니다
차이란 차이란 소리를 냅니다

안경은 긴 안목으로
미끄럼틀 놀이에 열중합니다
수 천만의 사람들이 흐릿한 신기루 앞에서
관습처럼 수단처럼 안경을 외칩니다

펭귄들의 안경은

허들링으로 순환합니다
안경은 도망가는 잎사귀를 따라 갉아먹는
애벌레의 주름 같습니다

반짝, 유리가 환상적인 수프가 될 때까지
침묵은 본질 속에서 식어갑니다
속눈썹이 깜박일수록 고자는 도망놀이에 빠집니다

소설의 이야기를 길게 하지 않는 안경의 성격처럼
눈썹과 강가에 우거진 사람이 가위바위보를 합니다
곰팡이가 슬지 않는 저 안경
본 것이 사라질 수 있도록
입을 크게 열어 둡니다

거리의 따뜻한 노래가 내게는 들리지 않았네

귀를 팔에 걸고 나왔네
내가 걸고 다닌 얼굴들엔
막 시작하는 푸른 오늘이 들어 있었네
샴푸 향은 다정하거나 두근거렸네
웹 지도는 운명선을 보여주는
겨울 취미
추운 장갑은 햇살과 손을 잡았네

얼음이 물꽃이면 참 좋겠네
가장 오래된 얼굴로 파란 불을 기다렸네
두 개의 신발은
나란히 계단에서 굴러떨어진
백 년 전 사람

정보는 정보끼리
가 보지 못한 나라를 떠돌고
빽빽한 세계에 끼어들지 못한 나라
노래가 되지 못한 겨울 사물들

지금 가만히 서 있는
저 여자를 이해해야겠네
내게 와서 죽은 너를 몰래 버려야겠네

파랑 없는 길은 또 어려웠네

M은 진행 중입니다

1층은 2층을 찾습니다
M은 옥상을 희망합니다
M층은 망설이다 설탕을 뱉습니다

궁리는 중독입니다
계단은 팽창하고 있습니다

화살표는 계단을 타고
몇 번 주인을 갈아입고 혼자 걷는 피아노는
미래를 쭉 내밀고 길어집니다

일요일은 선생을 통과합니다

2층 그림은 진행 중입니다
그림은 아이를 좋아하지 않습니다
피아노는 라라를 생각하며 지붕을 날아갑니다
짧은 혀는 긴 혀를 상상합니다
물리학은 비약비약 약진하는 중입니다

물고기는 휴지를 따라갑니다
사과는 뱃머리를 따라갑니다
2층은 상징을 따라갑니다

계속 진행 중인 발가락을 오늘은 따라가 볼 일입니다
한결같은 오후는 슬픕니까
M층은 한결같이 우유를 흔들어 먹습니다

민들레는 들레들레 노란 역사입니다
그에 반해 우리는 시고 떫고 새까맣습니다

진행은 진행만 생각하고
머리는 전진만 우아합니다
오늘은 발가닥만 따라 가볼 일입니다

광고입니다

짧은 얼굴입니다

짧은 지우개 하나가 지나갑니다 비스켓은 젖은 머리 냄새를 흘리며 혼란을 걸어갑니다 무슨 일이 생긴 걸까요 모서리가 심하게 근질거립니다 밤새 안녕하세요 무거운 시선이 생활을 부딪칠 듯 스쳐갑니다 웃는 외침이 거리를 표류합니다 춤추는 양말을 기억합니다

백면의 신사는 복서를 꿈꾸었습니다 상인은 풀밭에 형통이라고 썼다가 비라고 씁니다 웅덩이가 없는 도시 무지개가 횡단보도를 뛰며 갑니다 광고판은 매우 비옥합니다 미래를 달콤하게 바꿔드립니다 네온 불빛에 너를 적용해봅니다

비슷한 운명의 격렬까지만 쓰고 집으로 갑니다 집은 때로 너무 먼 곳입니다 내일은 점점 대범해지는 대로의 핑크 데이입니다 멈추면 죽어버릴 거 같아 너를 자꾸 흘립니다

처음처럼 온몸으로 투자하세요

희망은 당신 거라니까 불안의 등을 총구처럼 꽂고

작업실~9

　하나의 얼굴이 작업실에서 이루어진다 하나의 사람이 작업실에서 꿰매어진다 작업실에서 고래가 완성된다 미완의 세계가 꿈틀거린다 계단의 허리로 스타를 주우러 간다 왕이 묻힌 그리스를 몰고 산책을 한다 럭키형 공원에서 럭키형 공을 찬다 럭키형 거울을 해체하자 럭키형 소설이 주렁주렁 매달려 젖을 빨고 있다 럭키형 가족을 개조해 링으로 보낸다 럭키는 자동변신주의자 부들부들한 매트릭스를 넘어서 온다 월요일에 두부를 먹고 싱싱한 럭키를 충전하자 쏟아진 비극은 마르면 그만 노랑은 딴생각 중일 때가 많다 스카프처럼

이효림의 시 세계

현실을 대체하는 가상의 힘

황치복

이효림의 시세계

현실을 대체하는 가상의 힘

황치복
(문학평론가)

1. 혁명과 몽, 시인이 꿈꾸는 유토피아

2007년 『시와 반시』 신인상에 「벽걸이용 바다」외 4편이 당선되어 작품활동을 시작했으며, 첫 시집으로 『명랑한 소풍』(2014, 북인)을 펴낸 바 있다는 것이 우리가 알고 있는 이효림 시인에 대한 개괄적인 정보이다. 몇몇 평자들의 논의들을 살펴보면, 이효림 시인은 현대사회의 사회학적 개념인 소외(alienation)와 파편성破片性의 미학적 개념인 단절성(discontinuity)의 가치를 추구하고 있다는 것, 모든 사물들이 시적 맥락에서 포착된 관계의 장을 형성하기보다는 제각각 낯선 타자로서 자유를 얻기 위해서 일탈과 해체를 지향하고 있다는 것, 그리고 죽어 있는 현실을 살아 꿈틀거리는 쾌락의 세계로 변화시키기 위해서 현실보다 더 현실적인 가상의 세계를 창출하고자 하는 욕망에 추동되고 있다는 점 등이 지적되고 있다.

극단의 모험 정신과 실험성을 보여주는 시인의 시적 특성에 대한 부분적인 명중성을 지니고 있는 이러한 평자들의 날카로운 관찰은 이효림 시인의 시적 세계에 대해서 대강의 윤곽을 알려주고 있기는 하다. 하지만 그녀가 작시술을 통해서 그러한 가치와 전략을 추구하는 궁극적인 목적이라든가 의도, 혹은 그러한 전략을 실현하기 위해 활용하는 구체적인 방법들은 미지의 영역으로 남아 있다. 이 글은 범박하나마 이효림 시인이 추구하는 궁극적인 시적 가치라든가 그것을 위한 구체적인 전략 등에 대한 소박한 고찰을 해보려는 시도에서 출발한다. 이효림 시의 궁극적인 지향과 문제의식에 대한 실마리를 잡기 위해서 다음 시를 한 편 읽어보자.

닉스에게 게임의 법칙을 다시 정하자고 말했다

눈 오는 밤

    은밀한 계약은 끓어오르다 활활 타올랐다 은밀한 힘은 처음의 순도를 쫓아 백 년 동안 탈수되었고 가공되지 못한 루돌프는 삐거덕거리며 언덕을 올랐다 불평이 뭔지도 모르는 루돌프 영원히 생산적인 루돌프에게 후원금을 보낼까 죽은 이야기를 처리할 화장장은 보이지 않고 닉스가 심어 놓은 푸른 몽

  자라라
  아무도 없는 도시의 불빛을 다스리는 닉스
  닉스는 눈이 주도하는 대로 살았다
  기습적이라도 눈은 공평하다
  닉스의 숨소리는 고르다

  밤은 과거를 분류하며
  약동하는 환우를 심었다

  즐겁고 발랄한 꿈을 가꾸는
  닉스

―「거리는 몽」 전문

  그렇지 않아도 상관은 없지만, "닉스"는 아마도 그리스 신화에 나오는 밤의 여신 닉스Nyx를 의미할 것이다. 그러니까 이 시에는 밤의 여신을 통한 전면적인 세계의 개편, 혹은 카오

스chaos와 같은 현실에 대한 전면적인 무화를 통한 새로운 세계의 개진을 향한 욕망이 꿈틀거리고 있다. 혁명革命이란 명命을 바꾸는 것, 여기서 명命이란 "게임의 법칙", 혹은 세계가 운행되는 원리 및 법칙이라고 할 수 있으며, 요즘 말로 바꾸어 말하면 세계를 움직이는 프로그램, 혹은 세계의 기본적 운행 규칙과 원리, 혹은 세계를 연결하는 체계적인 그물망을 의미하는 매트릭스matrix라고 할 수 있다. 그러니까 혁명이란 세계의 근본적인 토대와 원리를 전복하고 갱신하는 것인 셈인데, 이 시는 닉스를 통한 새로운 "게임의 법칙"을 통해서 이러한 혁명에 대한 은밀한 욕망을 내면화하고 있는 셈이다.

혁명(revolution)이란 지금까지 전개되어 왔던 역사의 진전과 원리를 무화하고 다시 시작하는 것이기도 하다. 즉 지금까지 인류가 구축하고 발전시켜왔던 삶의 원리와 사회의 구조에 대해서 더 이상의 정당성을 박탈하고 새로운 원리와 구조로 대체하는 것이 혁명인 셈이다. 그러니까 혁명은 기본적으로 기존의 관습과 구조에 대한 파괴를 동반하며, 그러한 전면적인 무화無化를 통한 자정작업을 전제한다. 이 시에서 게임의 법칙을 다시 정하자고 제안하는 "닉스"라든가 "밤", 혹은 온 세상을 "공평하"게 덮어버리는 밤에 내리는 "눈" 등이 기존 제도와 문화에 대한 전면적인 무화의 충동을 대변해주고 있다.

그렇다면 시적 화자가 이러한 혁명을 통해서 이루고자 하는 새로운 세계의 모습은 어떠한가? "거리는 몽"이라는 제목부터 "닉스가 심어 놓은 푸른 몽", 그리고 "즐겁고 발랄한 꿈을 가꾸는/ 닉스", "밤은 과거를 분류하며/ 약동하는 환유를 심었다"는 구절들에서 쉽사리 추출할 수 있듯이 그것은 바로 환상의 세계라고 할 수 있다. 그러니까 기존의 현실과 질서를 무화하고 새롭게 건설하고자 하는 세계란 바로 꿈과 같은 것, 현실과 의식을 대체하는 환유로서의 무의식, 혹은 "몽"이라고 할 수 있다. 그것은 꿈이기에 현실 원칙을 배반하며, 현실을 지배하는 인과법칙이나 이성과 같은 필연성을 거부하며 우연성에 의존한다. 쾌락원칙에 의해 추동되는 환상의 세계, 인과적 질서에서 일탈하여 무질서하고 충동적인 세계들이 서로 특정한 관계를 형성하는 세계, 그러한 환상의 세계를 추구하고 있는 것이다. 이효림의 시편들이 무질서한 사물들이나 대상들이 어떤 인과적 필연성이나 현실성, 혹은 논리적 정합성이 없이 결합하거나 합리적인 문장의 구조를 형성해서 명중한 의미를 생성하지 못하고 안개 자욱한 세계를 거니는 듯한 몽상과 환상의 시적 세계를 구축하는 것은 이러한 의도의 산물이라 할 수 있을 것이다.

물론 이러한 시인의 의도에는 현실이란 그처럼 논리정연하고 이성적이며 합리적인 것이 아닐 수도 있다는 의심, 혹은 그러한 속성을 가장하는 현실이란 낡고 진부한 것이어서 더 이상 하나의 실체로서 간주할 수 없으며, 그리고 그러한 것들이 우리의 삶을 신선하게 하거나 풍요롭게 하지도 못한다는 문제의식이 내포되어 있다. "현실이란 더러워 버리는 것이다"라는 시인 백석의 명제와 달리 이효림 시인은 현실이란 아무런 가치가 없기 때문에 그것을 밤과 눈으로 덮어버리고 그 백지의 어둠 속에서 꿈과 환상의 새로운 세계를 펼쳐나가려고 하는 것이다.

이효림 시인의 시편들에서 자주 등장하는 "혁명"이라는 시어가 시인이 추구하는 이러한 환상적 세계의 구축이라는 은밀하고 심오한 시적 지향을 대변해주고 있는 셈이다. 이효림 시인의 작품 중에서 쉽게 "혁명"이란 시어를 발견할 수 있는데, 아무렇게나 뽑아본 다음 작품의 "혁명"이라는 시어에서도 그 성격과 지향을 분명히 확인할 수 있다.

> 과거는 북극에 가깝고
> 개망초가 미간을 오랫동안 들여다보았다
> 혁명이라니 눈은 초고처럼 흩날렸다
> ―「미간의 원+원 선데이」 부분

> 잉크가 말라버린 숲은
> 개종한 일요일 아침처럼 신열이 났다
> 내가 늘 고대하는 방향으로 손금이 자라는
> 선데이를 혁명이라 불렀다

—「미간의 원+원 선데이」부분

 "혁명이라니 눈은 초고처럼 흩날렸다"라는 구절이나 "내가 늘 고대하는 방향으로 손금이 자라는/ 선데이를 혁명이라 불렀다"는 구절을 보면, 혁명이 눈처럼 온 세상을 덮어버리고 초고처럼 새로운 세계를 그려나가는 파괴와 창조의 과정이라는 것, 바라는 방향으로 손금이 자라는 것처럼 어떤 새로운 운명과 삶의 방향성을 향한 열망이라는 것을 확인할 수 있다. 특히 "선데이를 혁명이라 불렀다"는 구절을 보면, 혁명이란 지나온 일주일의 노동 과정에 단절을 초래하며, 새로운 일주일의 시작점이라는 점에서 일요일이 시인이 생각하는 혁명의 속성을 잘 대변해주고 있음을 확인할 수 있다. 시인이 추구하는 혁명의 세계란 꿈과 환상의 그것이라는 점은 이미 지적했지만, 그러한 꿈과 환상이란 어떻게 구축되는 것일까? 다음 작품은 혁명으로 기존의 세계를 무화하고 새로운 세계를 구축하는 과정에 대한 하나의 실마리를 제공한다.

 하나의 얼굴이 작업실에서 이루어진다 하나의 사람이 작업실에서 헤매어진다 작업실에서 고래가 완성된다 미완의 세계가 꿈틀거린다 계단의 허리로 스타를 주우러 간다 왕이 묻힌 그리스를 몰고 산책을 한다 럭키형 공원에서 럭키형 공을 찬다 럭키형 거울을 해체하자 럭키형 소설이 주렁주렁 매달려

젖을 빨고 있다 럭키형 가족을 개조해 링으로 보낸다 럭키는
자동변신주의자 부들부들한 매트릭스를 넘어서 온다 월요일
에 두부를 먹고 싱싱한 럭키를 충전하자 쏟아진 비극은 마르
면 그만 노랑은 딴생각 중일 때가 많다 스카프처럼
―「작업실~9」 전문

  작업실은 그러니까 상상의 작업을 통해서 새로운 세계를
구축하는 세계 창조의 장소라고 할 수 있는데, 작업실에서 이
루어지는 구체적인 작업은 그야말로 현실적 정합성에 따른
일관성이 없고, 공간적 연속성과 시간적 계기성이 붕괴된 상
태에서 뇌리를 스치는 다양한 공상과 욕망들이 서로 결합하
여 어떤 자족적인 하나의 세계를 형성하는 것이다. 하지만 그
러한 세계가 완결성을 지닌 원만구족한 세계를 의미하는 것
은 아니다. 그것은 꿈틀거리고 있는 "미완의 세계"로서 "럭키
형 거울을 해체하자 럭키형 소설이 주렁주렁 매달려 젖을 빨
고 있다"는 구절에서 연상할 수 있는 무한한 허구(fiction)의 세
계이기에 상황에 따라서 어떻게든 달라질 수 있는 임기응변
의 세계, 갑자기 현실로 돌아오면 신기루처럼 사라져버릴 환
상의 세계라고 할 수 있다. 이효림 시인의 이번 시집의 작품
들 속에서 "공간을 닫자/ 소설은 아래 칸으로 몰린다"(「비교적
푸딩」), "첫줄의 내가 돌아갔다 어떤 이야기도 회색은 말해주
지 않았다"(「지우개가 따라 오지 못하도록 웅덩이를 만들었다」),

"새 나라를 두리번거리며 펠리페는 멀미하는 이야기의 등을 툭툭 친다"(「당나귀는 도미노처럼 떠밀려 해변에 앉아 있다」) 등 등의 소설이나 이야기에 대한 구절들이 툭툭 튀어나오는 것은 바로 이러한 허구적 세계에 대한 관심과 열망을 반영한 것이라고 할 수 있다.

2. 추상적 세계의 구축, 혹은 몽타주와 콜라주

현실이란 낡고 진부한 것이기에 아무런 가치와 의미를 발견할 수 없다는 것, 그리하여 언어를 통한 인위적인 세계, 가상의 창출을 통해서 감각을 풍부하게 하고 삶을 갱신할 수 있다는 것, 그러기 위해서는 현실을 지배하는 이성의 논리적 정합성이나 인과적 필연성에서 벗어나야 한다는 것 등의 테제들을 이효림의 시편들에서 읽어낼 수 있었다. 그렇다면 현실과 다른 인위적 가상의 세계란 어떻게 창출될 수 있으며, 그것은 현실과 어떠한 차별성을 지닐 수 있을까? 이러한 질문에 대해서 이효림은 회화의 논리, 특히 추상화의 논리를 제시한다. 가시적 형상의 전체를 모방해서 재현하는 것이 아니라 중요한 특징적인 요소들을 분할해서 추출하여 그것을 통합하여 표현하는 방식을 제시하고 있는 것이다.

이러한 추상화의 방법론은 있는 그대로의 현실을 재현하는 것이 아니기에 새로운 현실의 현실, 즉 가상의 창출 방법이라

할 수 있으며, 모방이 아니라 표현이라고 할 수 있을 것이다. 또한 추상화의 방법론에 입각한 작시술은 이질적인 요소들의 폭력적인 결합을 전제하고 있으며, 그렇기 때문에 몽타주와 콜라주 같은 모험적이고 실험적인 방법들이 즐겨 사용될 수밖에 없다. 즉 대상들 사이에 어떠한 유사성과 인접성도 없는 사물들을 충격적으로 결합시켜 부조화와 무질서, 혼란과 무의미 등의 카오스를 형성함으로써 질서 정연한 현실의 원리를 붕괴시키려고 하는 것이다. 이효림 시인의 시편들에 배어 있는 추상화의 원리와 몽타주와 콜라주의 방법론 등을 살펴보자.

> 노랑은 긴 호흡을 반복하고 심해에서 태어난 태양은 집으로 걸었다
> ―「민낯」부분

> 친분 없는 노랑과 파랑의 서식지였습니다 깃발은 근육을 부풀리며 책 위의 혁명을 읽었습니다 명찰 없는 미아였습니다 목숨만은 부지런히 기타를 쳤습니다
> ―「밥의 분홍 잇몸을 볼 수 있을까요」부분

> 파란 세계를 상상해도 되겠습니다
> 레드는 다음날 만들어졌으니까요

—「객석」 부분

　아무렇게나 추출해 본 이러한 구절들에서 주목되는 점은 "노랑"과 "파랑", 그리고 "레드" 등의 색채들이 각각 어떤 사물의 한 특정한 부분들로서 종속적으로 존재하는 것이 아니라 독립적인 사물처럼 자족적으로 존재하고 있다는 점이다. 「민낯」에서 "노랑"은 "태양"과 마찬가지로 어떤 실체적 존재로 취급되고 있으며, 어떤 사물을 구성하는 한 종속적인 차원으로 규정되지 않는다. 그것은 "긴 호흡을 반복하고"라는 구절에서 알 수 있듯이, 어떤 운동과 활동의 주체이기도 하다. 「밤의 분홍 잇몸을 볼 수 있을까요」라는 시에서 "노랑"과 "파랑"이라는 색채는 식물처럼 특정한 지역에 자리를 잡고 유기적인 생명을 영위하는 존재처럼 그려지고 있다. 이처럼 유기체의 한 부분이 자립적인 독립성을 지니고 하나의 실체로서 주체적으로 존재하고 작동하는 세계, 특히 한 사물의 구성요소인 색채들이 대상으로부터 분리되어 하나의 독자적인 존재방식을 구현하는 세계란 추상抽象(Abstraction)의 세계이자 가상(simulacre)의 세계인 셈인데, 그것이 현실을 대체하고 있는 국면인 것이다. 물론 이러한 추상과 가상에 의해서 현실이 대체됨으로써 기존의 현실은 균열과 간극을 내포하게 되고, 견고하다고 생각했던 현실의 지반이 순간 흔들리며 지각변동의 전율에 휩싸이게 된다. 이효림 시인이 현실을 재구성하기 위해서 즐겨 사용하는 추상의 인식작용은 사실 추상화의 원리에서 기인하는 것이다. 시인이 작시술의 많은 부분을 추상화의 회화 원리에 기대고 있음을 알려주는 표지는 다양하지만, 직접적으로 피카소와 같은 추상화가의 이름과 함께 회화의 작업 중에서 어떤 독특한 의미를 지닌 특정한 구도를 설정하는 듯한 구상의 과정을 보여주는 것도 기억할 만하다.

거기 서 볼래요 그래요 그렇게 약간 옆으로 허리를 빼고 물고기 시선으로, 주먹은 사소한 사회를 향하지 마시고 반쯤 접어 턱수염 밑으로, 새로운 허파를 세우겠다구요? 그래요 숨을 참으세요 최대한 길게, 호흡은 비린내를 응시하세요 다리는 살짝 꼬아 지하도 쪽으로 내려 볼래요 음악에 흔들리지 않도록 돼지 걸음으로, 무아하게 웃지만 이빨은 뒷골목을 깨무는 수준으로 그렇게

피카소가 데려온 '우는 여자', 코가 빨갛도록 울어요 나를 발견하고 울어요 염소를 타고 가며 울어요 잠을 자며 울어요 물고기처럼 눈물을 먹어요 살벌한 자세로 눈물을 지키는 피카소는 도무지 알 수 없는 전통이군요 100년 전 택시가 헤엄치며 오다니, 놀랍군요 심각한 줄거리가 신중하게 녹아내린 골목은 정오에도 슬퍼요

거기 서 볼래요 또 시작할까요 삐에로가 피카소를 따라 갔
나요 늪을 지나는 눈물의 생각, 파랑이 터져버릴 것 같아요
벽이 쏟아놓은 나비 말인가요 쏟아진 삐에로는 자기 속으로
들어가는 입구를 잃어버린 거예요 가슴에 매달린 미래여서
미안해요 화면이 따라가는 음악에 선량한 변기통 잘려나가요

 또 한 컷

—「설정」 전문

 회화의 구도를 잡기 위해서 어떤 장면을 설정하는 과정을
시화하고 있는 작품이라는 것을 알 수 있다. 물론 이러한 설
명만으로는 이 시의 많은 부분이 미지의 영역으로 남아 있지
만, "또 한 컷"이라는 마지막 구절과 "설정"이라는 제목에서
작시술의 어떤 근간을 확인해 볼 수는 있다. 피상적이나마 이
시는 어떤 상황이 대한 설정을 통해서 의미 있는 국면을 포착
해보겠다는 욕망이 작동하고 있으며, 피사체의 포즈와 표정,
그리고 색채와 형태, 스타일 등의 구체적인 묘사를 통해서 특
정한 이미지와 메시지를 형성해보겠다는 의지가 잠재되어 있
는 것이다.
 좀 더 세밀히 접근해 보건, 초현실주의와 같은 꿈과 무의식
의 세계를 향한 충동도 발견할 수 있을 것이다. 시적 상황에
서 전체적인 구도가 "지하도 쪽으로 내려"가는 것으로 설정되

어 있으며, 수면 아래로 가라앉는 구도를 지니고 있다는 것, 그래서 물고기들이 헤엄쳐 다니는 수중의 세계에서 꿈꾸는 듯한 몽환적인 경험을 제공하고 있다는 점에서 그러한 구도를 확인할 수 있다. 그리고 등장하는 피카소의 "우는 여자"라는 작품. 스페인 내란을 배경으로 전쟁의 비극성을 표현한 피카소의 작품을 시적 공간에 가져옴으로써 시인이 설정한 구도가 현대사회의 비극적 상황이라는 것, 그리고 피카소가 여인의 얼굴을 입체적으로 분해한 뒤 재조립하는 특유의 표현법을 사용했듯이 그러한 방법으로 자신의 시적 구도가 작동되고 있다는 것을 암시하고 있다. 입체파의 구성 원리처럼 대상의 요소들을 분해해서 그것으로 새로운 현실을 구성하겠다는 욕망을 은밀히 내포하고 있는 것이다.

실제로 이 작품의 시적 공간에 등장하는 대상들을 추출해 보면, 그것들은 피상적인 측면에서 어떠한 인접성과 유사성도 발견하기 어려운 이질적인 것들이기에 이 시의 시적 공간은 이물감으로 들끓고 있다. 허리와 물고기, 허파, 지하도와 음악, 돼지 등의 대상들도 그렇지만, 우는 여자와 염소, 물고기와 택시, 줄거리와 골목, 그리고 삐에로와 파랑, 벽과 나비, 미래와 변기통이라는 대상들의 공존은 그야말로 콜라주와 몽타주의 기법이 아니라면 상상하기 어려울 대상들의 배치라고 할 수 있다.

그렇다고 해서 시적 구도에서 어떤 방향성이 전혀 없는 것은 아니다. 시적 공간에서 여러 번 반복되고 있는 "울어요"와 "눈물"과 같은 시어들, 그리고 "뼈에로는 자기 속으로 들어가는 입구를 잃어버린 거예요", 혹은 "가속에 매달린 미래여서 미안해요"라는 시적 구절들은 이 시가 속도전에 휘말린 현대사회에서 현대인이 경험하는 자아 상실의 고통과 불안을 그려내고자 하는 의도를 짐작하게 한다. 시인은 콜라주와 몽타주의 기법을 통해서 서로 충돌하고 대립하며, 무질서와 부조화를 야기하는 사물들의 병치를 통해서 이러한 현대인의 내면적 불안과 불편함을 암시하고자 했는지도 모른다. 다음 작품에서도 시인이 즐겨 사용하는 몽타주와 콜라주의 시작 방법에 대한 경사를 확인할 수 있다.

  기도실에 앉아 예쁜 여자가 죽었다 살아 나오는 드라마를 만들었다 매화머리를 얹은 공작부인이 걸어다녔다 인상파의 저녁 식탁을 데코레이션하였다 접신되지 않는 서양 연극의 감정을 악천후처럼 그려나갔다
  ―「대기를 이탈한 형성이 불타오를 수 있도록」, 부분

"기도실에 앉아 예쁜 여자가 죽었다 살아 나오는 드라마를 만들었다"는 구절은 「설정」과 마찬가지로 상상적 구성을 통해 새로운 현실을 창출하는 시인의 시작 방법을 응축해 보여준다. 그런데 갑자기 시공을 초월해서 "매화머리를 얹은 공작

부인"이 등장하고, "인상파의 저녁 식탁"이 그 곁에 나란히 놓인다. 그리고 갑자기 "서양 연극"이 등장하자 기도실은 인물과 배경과 서사를 지닌 어떤 연극의 무대로 탈바꿈하고 만다. 기도실은 내밀한 소망과 환상을 꿈꾸는 내면의 공간에서 어떤 극적인 사건들이 전개되고 정동의 흐름이 요동치는 연극의 무대로 바뀌고 마는 것이다. 물론 이러한 변화는 시적 화자가 기도실에 끌어온 매화머리의 공작부인과 인상파의 저녁 식탁, 그리고 서양 연극의 감정 때문이다. 파편적인 요소들과 장면들을 편집해서 어떤 상황을 재구성하는 몽타주와 콜라주의 기법들이 활용되고 있음을 확인할 수 있다.

3. 시각의 확장과 축소, 혹은 거시적 관점과 미시적 관점이 만들어내는 가상

이효림 시인은 기존의 현실을 파괴하고 새로운 가상의 현실을 세우려는 혁명을 꿈꾸고 있다는 점, 그리고 그러한 혁명을 수행할 구체적인 방법으로는 추상화의 원리로서 몽타주와 콜라주의 기법이라는 것을 살펴보았다. 그런데 이효림 시인이 구축하고자 하는 새로운 현실이란 기존의 현실을 일그러뜨리고 왜곡해서 논리적 필연성과 인과적 질서를 거부하는 낯설고 기괴한 현실, 즉 그동안 의식의 억압과 기만에 의해서 은폐되고 망각되었던 무의식적 욕망과 정신분석학적인 실재

(the real)의 세계라그 할 수 있을 것이다. 시인이 환상에 의해 발굴하고자 하는 세계가 바르 그처럼 억압되고 망각된 진실의 세계이기 때문이다.

물론 시인이 발굴하고자 하는 세계는 새로운 세계이며, 견고한 프로그램이라는 토대로 지탱되고 있는 현실에 균열을 내고 간극을 형성함으로써 가능해지는 것이다. 하지만 현실을 전혀 새롭기 바라보는 관점의 변경을 통해서도 기존의 현실은 얼마든지 왜곡되그 일그러질 수 있으며, 그러한 관점의 변경을 통해서 새로운 현실, 우리의 육안으로 바라볼 수 없는 새로운 세계가 도래할 수 있다. 이러한 방법른을 굳이 이름 붙이자던 망원경으로 보기와 현미경으로 보기라고 할 수 있을 것이다. 우리의 육안이 확인할 수 있는 가시적인 지평 너머의 세계를 상상적인 작업을 통해서 재구성하는 방법으로서 거시적 지평의 확장을 꾀하는 망원경으로 보기, 그리고 우리 육안의 한겨를 넘어서 상상의 눈으로 미시적 세계를 들여다브고 그 현미경적 세계를 부각시키는 방법이 있을 수 있는 것이다. 어컨대 다음과 같은 구절들을 그 사례로 들 수 있다.

밥을 따라가면 지구 돌아가는 소리가 들렸습니다
―「밥의 분홍 잇몸을 볼 수 있을까요」 부분

공공의 기적이 예측을 키웠어 날카로운 절벽은 패스 어금
니가 무더기로 흔들렸어 여하튼 오지 않는 경축이었어 시대
는 혀만큼 비좁았고 지구의 내부는 늘 시끄러웠어
―「우아한 예측불허」 부분

단음이었다
의자를 버리자 비행이 시작되었다

반투명의 화분이 무엇을 피울까 햇빛이 깡충거렸다 다 주
고 남은 저녁 같은 나방을 키웠다 손금 사이 부스럭거리는 화
환을 걸었다 날벌레들의 이륙이 지구를 흔들었다
―「의자를 버리고 의족이 되었다」 부분

「밥의 분홍 잇몸을 볼 수 있을까요」라는 작품에서는 "밥"이
라는 이미지가 갑자기 "지구 돌아가는 소리"와 연결되어 충격
을 준다. 굳이 그 연상을 추체험해 보면 밥을 통해 먹이사슬
로 얽힌 생태계의 순환 원리를 연상하고 그것이 다시 지구의
자연 질서와 연결되는 고리들을 상상해볼 수 있지만, 밥이라
는 이미지에서 지구가 돌아가는 소리로 연결되는 비약적인
상상력은 우리의 경험과 사유를 새롭게 갱신하게 된다.
　「우아한 예측불허」에서는 "공공의 기적"과 "절벽", 그리고
"어금니"와 "경축", 그리고 "시대"라는 대상과 이미지들의 연

결도 충격적이지만, 갑자기 등장하는 "지구의 내부"라는 구절은 앞서 제시된 잡다한 이미지의 무질서와 혼란을 거시적 시각에서 종합해내는 효과를 발휘한다. 이러한 거시적인 시각의 확보는 잡다한 요소들이 형성하는 카오스를 통제하여 일정한 규율을 부여함으로써 하나의 세계를 형성하는 것이다.

「의자를 버리고 의족이 되었다」에서도 역시 충격적인 이미지들이 서로 결합하여 이물감을 증폭시키고 있다. 단음, 의자, 비행의 연접도 그렇지만 화분, 햇빛, 나방, 손금, 화환 등의 이미지들은 인접성과 유사성을 발견하기 어려운 이미지들의 이접이라고 할 만하다. 그런데 갑자기 등장하는 "날벌레들의 이류가 지구를 흔들었다"는 구절은 그렇지 않아도 충격적인 이미지의 나열로 점철된 시적 전개를 더욱 비약시켜 독자들의 관심을 가장 미시적인 세계에서 가장 거시적인 세계로 확장한다. 우리들의 관심을 "날벌레"와 같은 하찮고 보잘 것 없는 미물에서 "지구"라는 거대한 행성으로 관심을 확장하게 되는데, 이러한 이미지의 연결은 미시적인 세계와 거시적인 세계가 어떤 거미줄 같은 관계망으로 연결되어 운행되고 있음을 상상하도록 한다. 미시적 세계와 거시적 세계의 비약적인 연결은 인식의 갱신과 더불어 발견의 기쁨을 선사하도록 하는 것이다. 이러한 갱신과 발견의 기쁨은 우리의 일상적 현실에서는 접하기 어려운 경험이라는 점에서 이러한 배치와 접속은 새로운 세계의 창출에 비견할 만하다. 다음 작품 역시 미시적 세계와 거시적 세계의 결합을 통해서 새로운 경험을 창출하고 있다.

    취향은 천장입니다 아침은 신발 끈을 매며 웃습니다. 들어오세요 앉으세요 유물론자는 들어오고 나가는 것이 바쁩니다 왼쪽의 새벽에 일어나면 몇 광년을 살다 온 느낌이 듭니다.

    별은 양치질을 합니다
    별은, 별을 발견하는 일이 단순합니다
    노래는 풀숲을 그리워합니다
    한 줄의 사냥을 기릅니다
    개는 밥이 가장 슬프지만
    방목하는 넓은 들판의 입구입니다

    …(중략)…

    풀들은 울퉁불퉁한 지구를 만듭니다
    야광충은 가진 불이 작아서 춥습니다
    언제나 공원이 부족한 담장은 자전을 계속합니다
    유리는 존재의 방향을 보았을까요
    맑은 손뼉이 이어집니다

                                ―「합창」부분

"취향"이라든가 "아침", "신발끈", 그리고 "양치질", "풀숲", "공원" 등의 시어들은 이 시가 우리가 생활하는 자잘한 일상의 풍경들을 연상하도록 한다. 하지만 이러한 자잘하고 미시적인 세계에 갑자기 "몇 광년", "별", "지구", "자전" 등의 시어들이 결합하여 사소하고 일상적인 사건들이 갑자기 거대한 세계를 구성하는 일부분이 되며, 거대한 세계는 자잘한 세계의 차원으로 떨어지게 된다.

특히 "별은 양치질을 합니다"라는 구절이나 "풀들은 울퉁불퉁한 지구를 만듭니다"라는 구절들은 거시적인 세계가 미시적인 세계와 연결되어 있으며, 미시적인 세계가 거시적인 세계를 만들어내는 주체임을 암시하고 있다. 이와 같은 망원경의 세계와 현미경의 세계가 결합함으로써 시적 공간은 육안으로 볼 수 있는 현실적 공간에서 벗어나 상상과 비약의 생동감이 일렁이는 새로운 역동적인 세계로 탈바꿈하고 있는 것이다. 이효림 시인의 망원경과 현미경의 전략은 따라서 진부하고 느른한 현실에 충격을 가해서 신선하고 꿈틀거리는 새로운 세계를 창출하려는 의지를 실현하는 중요한 기제가 되는 셈이다. 한 편의 작품을 더 분석해 보자.

커피 한잔해요 시력은 친절할 거예요 커피 한잔합시다 오후는 신중해질 것 같습니다 커피를 들고 오거리를 지날 때

자신에게 좀 심각해집니다 지난밤 꿈이 생각나 신호등에게 조심하라고 말합니다 어깨를 흔들어 피카소를 조금 섞어 놓습니다 안녕하세요 안녕하세요 텅 빈 인사를 합니다 심각할 게 없는 미소는 자주 열리고 닫힙니다 스모키 화장을 지울 때 달리는 사이렌 소리에 흔들리지 않습니다 오늘의 뉴스가 시끄러웠다면 정상입니다 생각이 불타고 누구는 요행히 살았습니까

무엇이든 해결해드립니다 높은 곳의 플래카드를 믿어야 합니다

흔들리는 행성은 여기에도 많습니다 사이다를 마시고 끓어오르는 상상을 모았습니까 폭소에 희생된 접시와 고양이, 고양이에 희생된 고기와 그의 전생도 가엾어야 합니다 티브에 붙은 붉은 고기도 가엾어야 합니다 알고 보면 떠돌이 이 행성도 가엾은 것입니다

—「일반적으로」 전문

1연에서 이루어지는 시적 진술들은 직장인들이 점심을 먹고 테이크아웃 커피를 마시는 일상적인 모습과 사소한 조짐에도 불안을 느끼는 소심한 내면의 심리가 잔잔하게 펼쳐지고 있다. "커피 한잔해요"라든가 "커피 한잔합시다" 등의 구절

들은 변화가 없는 따분하고 지루한 도시 직장인의 생활 패턴을 암시하고 있으며, "심각할 게 없는 미소는 자주 열리고 닫힙니다"라는 구절은 습관적이고 반복적인 일상의 피상적인 모습을 환기한다. "오늘의 뉴스가 시끄러웠다면 정상입니다"라는 시적 진술에서 알 수 있듯이, 지극히 평범하고 지루한 반복적인 도시의 일상이 펼쳐지고 있는 것이다.

    그런데 3연에서는 갑자기 "흔들리는 행성", 혹은 "떠돌이 행성"이 등장하여 갑자기 현미경으로 들여다보던 세계에 망원경의 시각이 부여됨으로써 인식의 급격한 전환과 시적 비약이 초래된다. 자잘한 일상의 나날들이 한 도시 차원의 사건들이 아니라 행성의 차원에서 이루어지고 있다는 것, 그리하여 행성 자체가 하나의 "떠돌이 행성"과 같은 속성을 지니게 되었다는 내용을 형성하게 되는 것이다. 독자들은 이러한 시적 전개의 비약으로 인해서 현실의 자잘한 일상에서 벗어나 높은 위치로 시선을 옮겨 마치 현실을 조감하는 듯한 경험을 하게 되며, 그로 인해서 일상의 현실에서 벗어나게 될 뿐만 아니라 새로운 지평에서 사태를 조망함으로써 새로운 세계의 경험으로 빠져들게 된다.

4. 운명과 우연성, 혹은 주술적 사고가 지배하는 현실

    상상과 환상을 통해서 새로운 시적 세계로 현실을 대체하려는 혁명적 시도, 그리고 추상화의 전략으로 몽타주와 콜라주의 기법에 의해서 구축되는 새로운 가상의 세계, 거시적 세계와 미시적 세계의 전환과 조응을 통한 새로운 경험의 산출 등이 이효림 시인의 시적 전략임을 살펴보았다. 마지막으로 이효림 시인의 새로운 시적 전략을 가능케 하는 세계관에 대해서 살펴보고 이 글을 마무리하고자 한다. 환상에 의해서 새로운 세계를 구축하는 일, 그리고 몽타주와 콜라주에 의해서 가상의 현실을 짜깁기 하는 일, 육안이 아니라 현미경과 망원경의 시각을 빌어서 현실을 새롭게 보는 일 등은 모두 현실적 정합성과 인과적 필연성을 거부하고 시적 주체의 욕망과 충동에 따라서 이질적인 대상들을 인위적으로 결합시키고, 대상과 사건들에 새로운 관점을 부여하는 작업을 통해서 이루어진다.

그러니까 이효림 시인의 시적 전략에는 현실성과 필연성, 인과성 등과 같은 근대적 이성의 논리가 붕괴된 지평을 전제로 하는 관점이 내재되어 있는 것이다. 그리고 이러한 현상은 이효림 시인의 이번 시집의 시편들에서 비밀이라든가 기적, 매직, 마술, 어메이징, 그리고 운명, 우연, 예언 등의 불확실하고 신비하며, 순간적이고 우연적인 상황을 지칭하는 시어들이 빈출하는 이유이기도 한다. 이번 시집에 등장하는 이러한 우연성, 혹은 신비주의적 속성을 지칭하는 용어들은 이성적 현실에 의해서 지탱되는 견고한 지반을 흔들고, 이질적이고 충돌하는 대상들이 서로 결합하여 새로운 시적 효과를 산출할 수 있는 철학적 기반을 이루고 있는 것이다. 필연성이 아니라 우연성이, 그리고 정합성이 아니라 일탈성이 지배하는 시적 공간은 조리 정연한 현실의 논리가 틈입할 여지가 없으며, 그렇기 때문에 충동과 욕망에 의해 접속하고 탈주하는 원리에 지배되는 순간적이고 불확실하며 신비로운 현실이 출현하게 되는 것이다. 우연성과 주술성에 지배되는 이효림 시인의 시적 효과에 대해서 살펴보자.

공공의 기적이 예측을 키웠어 날카로운 절벽은 패스 어금니가 무더기로 흔들렸어 여하튼 오지 않는 경축이었어 시대는 혀만큼 비좁았고 지구의 내부는 늘 시끄러웠어

어디로 가야 할까
곧 사라지는 노란 코끼리

예측은 울어보지 못한 천둥
내가 무엇을 기다리고 있었어
—「우아한 예측불허」 부분

비 오네요 앵무새는 없어요 폭우는 며칠씩 봉인된 채 사라질 수 있어요 오늘은 뭐하냐고 거품 물어요 미친 듯 밀려드는

운명을 보고 있어요 비는 예쁠 때도 있고 물은 고마울 때도 있죠 지금 물이 그 집으로 몰려가요 매매계약서도 없이 집을 내놓으라는 게 말이 돼요 어디 가서 말해요

말문 닫은 앵무새 기형의 앵무새 오 어메이징 어메이징 유령들의 물놀이 쉼터, 유령들의 물놀이 교육장이라니요 그게 말이 돼요 관광차가 고양이를 건져가요 참 다행이지요

—「어메이징」부분

「우아한 예측불허」에서는 "기적"과 "예측"이 난무하고 있지만, 제목이 암시하듯이 "예측불허"의 상황이 묘사되고 있다. "공공의 기적이 예측을 키웠어"라는 진술은 형용모순의 어법을 사용하여 법칙과 질서를 벗어난 기적이 몰고 온 불확실성과 우연성에 대한 편향을 강조한다. 하지만 그것은 "예측은 울어보지 못한 천둥"이라는 대목이 암시하듯이 항상 잠재적인 형태로 존재하는 것으로서 발현될 수 없는 불확실성의 영역에 휩싸여 있다. "어디로 가야 할까"라든가 "내가 무엇을 기다리고 있었어"라는 구절이 방향성을 상실한 판단 중지의 상황을 드러내고 있으며, 목적과 목표를 상실한 무정향의 기대지평의 공허함을 강조해주고 있다. 이 시편은 "기적"이라는 외부적 우연성의 힘에 의지할 수밖에 없는 시적화자의 심리를 부각시키면서도 그것을 즐기는 듯한 태도를 통해서 우연

성이 지닌 놀라움과 신선함의 힘을 암시해준다.

「어메이징」에서는 폭우로 인해서 주변이 온통 물에 잠기고 집이 물에 잠식되는 상황을 그리고 있는데, 그러한 재난의 상황에 대해서 "어메이징"이라는 제목을 붙이면서 놀라움으로 대응하고 있다. 물이 밀려드는 상황에 대해서도 시적 화자는 "미친 듯 밀려드는 운명"이라고 명명하면서 불가사의한 힘의 작동을 읽어내려고 한다. 또한 물에 잠긴 생활의 터전을 보면서도 "유령들의 물놀이 쉼터, 유령들의 물놀이 교육장"이라고 하면서 불의의 사태에 대해서 어떤 불가사의한 존재들의 개입과 의지가 작동하고 있음을 암시하려고 한다. 이러한 시적 구도는 우리의 힘과 의지로 우리의 운명을 개척할 수 없다는 것, 어떤 외부적 입김에 의해 우리의 존재는 이러 저러 휩쓸려 다닐 수밖에 없다는 주술적 사고를 전제하고 있는데, 이러한 사고는 우리 주변의 사태와 사건에 대해서 놀라움과 신비의 눈길을 던지도록 한다.

    명사는 달리면서 일기를 쓴다
    총격이 국경의 관계를 상실할 때
    세계적인 마술사는 호면 깊이 칼을 꽂고
    결연이라는 목덜미를 잡고 기다린다

    죽음을 열어 본 것처럼

관통에 쓰러지는 상실

조사 없이 신은 체스판을 끝낸다
The end
　　　―「내가 곰과 친했을 때 죽인 해바라기」 부분

　내면은 없다 프로이트가 마른 밑줄에 물을 줍니다 꽃들은 마술의 형태로 흔들리거나 지저껍니다 몇 량의 혈족을 지나 기호가 피어나듯 이런 내부는 처음이야 이런, 색채를 너무 빨리 벗어 버렸습니다 알약이 퍼지는 예의를 지켜야죠

　땀 흘리는 분홍이 사회를 빠져나옵니다 때로는 꽃이 짐처럼 빠져나와 우거진 아버지를 들여다봅니다 우두커니 붉은 구석들의 비명은 무엇입니까 날마다 유전자를 살해하고 일어납니다 그리고 붉은 깃발과 신이 살고 있다는 칸나를 쇼핑합니다
　　　　　　　　　　　　　―「내면은 없다」 부분

　「내가 곰과 친했을 때 죽인 해바라기」라는 작품의 인용되지 않은 부분에서는 "내가 곰과 친했을 때/ 죽인 해바라기가 피었어/ 아이처럼 슬프지 않아도 울 수 있나/ 나와 친한 곰이 초식동물을 쓰러뜨릴 때/ 전설을 막고 우는 보랏빛 여우/ 세

번 죽고/ 한번 태어난 사람들"이라는 구절들을 통해서 마치 원시시대의 애니미즘이나 신비주의 같은 주술적 사고가 지배하는 시적 공간을 그려내고 있다. 인용된 부분에서도 "세계적인 마술사"라든가 "신", "체스판" 등의 구도를 통해서 합리적 이성의 경계 밖에서 어떤 초월적인 힘이나 기획이 작동하여 우리의 삶을 추동하고 있음을 암시한다.

「내면은 없다」에서는 "프로이트"라든가 "마술" 등의 기호들이 시적인 공간을 무의식의 신비와 주술적 사고가 지배하는 불가사의한 공간으로 변화시키고 있다. 그리하여 이 시적 공간에서는 꽃들이 지저귀기도 하고, 분홍빛이 땀을 흘리기도 한다. 그리고 이 시적 공간에 등장하는 "칸나"는 "붉은 깃발과 신이 살고 있"는 신의 거처가 되기도 한다. 이러한 주술적이고 물활론적인 사고는 신화의 시대에나 통용될 만한 것인데, 버젓이 현대사회에 틈입하고 있다는 점에서 문제적이다. 하지만 이러한 주술적이고 신화적인 사고로 인해서 이질적인 것의 동질성을 읽어낼 수 있다는 점에서, 모순이고 역설적인 대상들이 하나의 시적 공간에서 공존할 수 있다는 점에서 이효림 시인의 시적 사고에서는 매우 중요한 요소임에 틀림없다. 마지막으로 직접적으로 등장하는 마술적 사고의 형태를 확인해 보자.

  취향이 서양호와 물의 살을 베란다에 세우는 일이면 좋겠

네 물고기가 되는 일이었네 흰 건반의 콧수염이 세상의 비밀
을 흩어놓을 때 우리가 먹은 생선은 체크 남방을 입고 날아갔
네 비밀을 숭배하는 유리창의 신열은 기록되지 않아 고문서
로 남았네

　　우리가 살아갈 수 있는 지옥을 위해
　　영혼을 씹으며 항거하는 지구였네
　　푸른 피가 주술을 외우며 치즈처럼 걸었네
　　　　　　　　　　　　　　　　　─「매직」 부분

　"매직"이라는 제목 자체가 시의식의 저변을 암시하고 있는
데, 인용하지 않은 부분의 "흰 진창을 조심하거라/ 그곳엔 언
제나 검은 건반이 불쑥 튀어나온단다"라는 대목에서도 주술
적인 사고의 흔적을 발견할 수 있다. 흰색과 검은색의 대비,
쑥 미끄러지는 진창과 불쑥 튀어나오는 검은 물체 등의 이미
지가 그로테스크한 정황을 형성하고 있기 때문이다. 인용된
부분에서도 "흰 건반의 콧수염이 세상의 비밀을 흩어놓을 때"
라든가 "비밀을 숭배하는 유리창의 신열은 기록되지 않아" 등
의 구절에서 신비로 가득 찬 세계에 대해 호기심과 경이에 사
로잡혀 있는 주술적 사고의 흔적을 발견할 수 있다.
　인용된 마지막 부분에서는 "영혼을 씹으며 항거하는 지구
였네"라는 구절을 통해서 독자들의 관심을 거시적인 세계로

비약시킨 다음, 다시 '푸른 피가 주술을 외우며 치즈처럼 걸었네"라고 하여 지구적 차원에서 거리를 가득 메우고 횡행하는 주술적 세계관의 모습을 신비롭고도 역동적으로 부조하고 있다. 이처럼 이효림 시인의 시편들에 편재하는 우연성이라든가 운명성, 혹은 마술적 사고와 주술적 사고방식은 추상적 요소들이 독자적으로 세계를 구성한다든가 몽타주와 콜라주의 기법에 의해서 이질적이고 고순적인 대상들이 접속하거나 공존할 수 있는 근본적인 토대를 제공하고 있다고 평가할 수 있다.

지금까지 우리는 이효림 시인의 놀랍고도 매력적인 시편들 속에 내재하는 다양한 욕망과 시적 전략, 그리고 그것들을 가능케 하는 사고와 발상의 새로움 등에 대해서 포착하려고 노력해 보았다. 하지만 이효림 시인의 시적 비전과 전략은 훨씬 풍부하고 비밀스러워서 우리가 던진 성긴 그물망으로는 세밀하고 정치한 부분들을 다 놓치고 굵직한 대강의 흔적만을 건진 셈이 되었다. 하지만 언어야말로 세계를 구축하는 가장 효과적인 질료라고 할 수 있다는 점, 우리의 일상적 현실은 너무 낡고 진부해서 인위적으로 구축된 가상의 현실이야말로 우리의 감각과 사고를 더욱 날카롭고 풍부하게 할 수 있다는 점, 그러기 위해서는 논리적 정합성과 인과적 필연성 등의 기존의 발상과 사유에서 벗어나야 한다는 점 등의 문제의식은 매우 값지고 소중한 것으로 기억할 만하다. 이러한 시적 사유와 발상의 전환은 어쩌면 인간과 기계의 구분이 무화되는 4차 산업혁명의 시대, 혹은 포스트 휴먼 시대를 준비하는 시전 비전이 될지도 모른다.

| 이효림 |

경남 밀양에서 태어나 2007년 『시와반시』로 등단했다.
시집으로 『명랑한 소풍』이 있다. 2018년 아르코창작기금을 수혜했다.

이메일 : leess1213@hanmail.net

위대한 예측불허 ⓒ 이효림
───────────────

초판 1쇄 발행 · 2020년 1월 6일
초판 2쇄 발행 · 2020년 7월 15일

지은이 · 이효림
펴낸이 · 이선희
펴낸곳 · 한국문연

서울 서대문구 증가로29길 12-27, 101호
출판등록 1988년 3월 3일 제3-188호
대표전화 302-2717 | 팩스 · 6442-6053
디지털 현대시 www.koreapoem.co.kr
이메일 koreapoem@hanmail.net

ISBN 978-89-6104-257-4 03810

값 10,000원

* 잘못된 책은 바꾸어 드립니다.

※ 이 시집은 2018년 한국문화예술위원회 아르코창작기금으로 발간되었습니다.

이 도서의 국립중앙도서관 출판시도서목록(CIP)은 서지정보유통지원시스템 홈페이지(http://seoji.nl.go.kr)
와 국가자료공동목록시스템(http://www.nl.go.kr/kolisnet)에서 이용하실 수 있습니다.
(CIP제어번호: CIP2019050457)